Ira Schneider

Niederrheinische KÜCHENKLASSIKER

Kappes, Krutt und Kernpapp

Wartberg Verlag

Bildnachweis:
Alle Fotos von Ira Schneider mit Ausnahme des Autorenfotos auf der Umschlagrückseite von Klaus Görgen.

1. Auflage 2016

Gestaltung und Satz: www.ravenstein2.de
Druck: Druck- und Verlagshaus Thiele & Schwarz GmbH, Kassel
Buchbinderische Verarbeitung: Buchbinderei S. R. Büge, Celle

34281 Gudensberg-Gleichen · Im Wiesental 1
Telefon: 056 03/9 30 50 · www.wartberg-verlag.de

ISBN 978-3-8313-2478-1

Ira Schneider

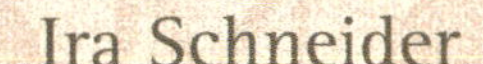

Niederrheinische KÜCHENKLASSIKER

Kappes, Krutt und Kernpapp

Wartberg Verlag

Flache Flusslandschaft, in der sich herrlich radeln lässt, imposante Kopfweiden, viele Streuobstwiesen, Schlösser, Burgen und Kirchen prägen das Bild des Niederrheins. Als Obst- und Gemüseregion ist das Gebiet, dessen Geschichte bis in die Römerzeit reicht, über die Grenzen Nordrhein-Westfalens hinaus bekannt. Jenseits von Erdbeeren und Spargel machen auch außergewöhnliche Spezialitäten der niederrheinischen Erzeuger und Verarbeiter heutzutage von sich reden. Kennen Sie etwa schon die „Niederrheinische Gänsemilch", einen Eierlikör aus Gänse-Eiern, oder die Altbierwurst, eine Salami in Bierflaschenform?

Neben traditionellen Speisen wie „Bonnezupp" oder „Muurejubbel" trifft man heute ebenso in der Spitzengastronomie auf raffinierte Neu-Interpretationen der Klassiker. Für Feinschmecker, die diese Kreationen bewusst genießen und verstehen möchten, ist ein Ausflug in die Esskultur des Niederrheins hilfreich. Denn er bietet einen Überblick über die kulinarischen Schätze der Region und ihre Wurzeln.

Ein Kochbuch wie dieses, das Traditionsgerichte, authentische Rezepte und typische Zutaten vom Niederrhein vorstellt, ist kein einfaches Vorhaben. Ohne Unterstützung wäre dies nicht möglich.

Ich bedanke mich herzlich bei meiner Slow Food-Kollegin Ute Meusel, die zusammen mit dem Slow Food-Convivium Niederrhein für diesen Band kulinarische Kindheitserinnerungen wieder zum Leben erweckt hat. Ebenfalls möchte ich der Familie Eßer („Der Gänsepeter") aus Rommerskirchen-Ramrath besonders danken. Waltraud Eßer blätterte für mich in einem ganz besonderen Schmuckstück, in einem noch in Sütterlin-Handschrift verfassten Familienkochbuch ihrer Großmutter.

Peter Eßer und Margot Cremer sowie den Walbecker Spargelanbauern Michael und Franz Allofs aus Geldern möchte ich für ihre Hilfe ebenso ein Dankeschön aussprechen.

„Herzlichen Dank" sagen möchte ich auch meiner Mutter Magreth Schneider und Wilfried Odenthal aus Erftstadt-Erp („Speisekartoffeln Odenthal") für Unterstützung in meiner Foto-Küche (www.die-fotokueche.de).

Ira Schneider

INHALTSVERZEICHNIS

VORWORT

Liebe Leserinnen und Leser!

In diesem Kochbuch finden Sie die Niederrheinische Küche, wie sie in Privathaushalten von Emmerich im Norden bis nach Selfkant im Süden heute auf den Tisch kommt. Der Rezeptband hat weder den Anspruch, ein historisches Kochbuch zu sein, noch avantgardistische Strömungen aufzugreifen. Viele Rezeptklassiker wie Pottschloot, ein Stampfkartoffel-Eintopf mit Endivien, aber auch moderne Speisen wie Spargel-Gratin mit Käse finden sich im Repertoire der Familien.

Niederrheinische Küchenklassiker – Kappes, Krutt und Kernpapp

Der Rezeptekanon für dieses Kochbuch ist nach Recherchen in alten und modernen Kochbüchern aus den letzten 100 Jahren, vor allem aber durch Gespräche mit Bewohnern des Niederrheins entstanden. Im Austausch mit dem Slow Food-Convivium Niederrhein unter Leitung von Ute Meusel aus Krefeld und der Familie Eßer („Der Gänsepeter“) aus Rommerskirchen konnte ich diese Rezeptsammlung erstellen. Der Band legt dabei einen Schwerpunkt auf traditionelle Rezepturen, die bis heute zum lebendigen Küchenschatz gehören. Er zeigt darüber hinaus ebenso, wie Genuss-Menschen in der Region mit frischen heimischen Zutaten kochen.

Alle Klassiker treffen durch kleine Variationen noch immer den Zeitgeist und Geschmack einer aromatischen, unverfälschten Landküche mit einfachen Zutaten. In meiner Fotoküche habe ich die zusammengestellten Rezepte ausprobiert und in Szene gesetzt.

Welche Spezialitäten außer „Kappes, Krutt und Kernpapp“ man kennen muss, verrät Ihnen das „Who is who“ der Küchenklassiker. Welche typischen Produkte die Region bereithält, erfahren Sie in den Einführungen der einzelnen Kapitel. Ausflüge in den Bauerngarten, die niederrheinische Esskultur und das kulinarische Brauchtum sowie praktische Tipps runden den Band ab.

Sie haben nun Appetit bekommen?
Viel Freude beim Nachkochen, Schmökern und Genießen wünscht

Ira Schneider

TYPISCH NIEDERRHEIN!

Das Who is Who der Niederrheinischen Küche von A-Z

Ärpel mit Schlaat oder Pottschloot, auch Stampes, Untereinander („Ongernanger") oder Durcheinander – Stampfkartoffel-Eintopf mit Endivien.

Äppel- oder Prummetaat – Apfel- oder Pflaumentarte.

Ballebäuskes – in Fett ausgebackene, dicke Pfannküchlein aus Hefe oder Rührteig, die man gerne zum Sonntagskaffee serviert. Die Krapfen werden mancherorts auch „Püfferkes" oder „Püfferchen" genannt. Im benachbarten Münsterland kennt man sie als „Struwen".

Beamtenstipp – Hackfleisch mit Zwiebeln in der Pfanne angebraten, zuweilen mit Mehlschwitze gebunden oder mit Tomatenmark verfeinert. Der Name für das Arme-Leute-Essen kommt von den einfachen preußischen Beamten, die zum Monatsende knapp bei Kasse waren, sich dieses günstige Gericht dann zubereiteten und Kartoffeln in die Hackfleischsauce stippten.

Buchweizenoffelt („offelt" von Niederländisch „ouwel" = Waffel) oder Bokertsköske – Buchweizenpfannkuchen, der traditionell mit kaltem Kaffee angerührt wird. Man reichert den Teig auch gerne mit Rosinen an und serviert den Pfannkuchen mit Rübenkraut.

Fisternölleken – ein Klarer, den man in Verbindung mit einem Stück Würfelzucker und einer Rosine reicht. „Fisternoll" bedeutet nämlich soviel wie „Liaison".

Fitsche-, Fitze- oder Schnibbelbohnen – schräg geschnittene grüne Gartenbohnen, früher wurden sie mit Salz in große Steintöpfe eingestampft und als milchsauer vergorenes Gemüse für den Winter vorgesehen. Auch als Rheinische Schneidebohnen ist das Gemüse bekannt.

Grillage(torte) – eine in einigen Gegenden des Niederrheins berühmt gewordene Sahnetorte mit Baiser und Krokant. Sie wird häufig in gefrorener Form serviert.

Himmel un Äd – Apfelkompott (Äpfel wachsen im Himmel) mit Stampfkartoffeln (Kartoffeln wachsen unter der Erde). Sie werden traditionell mit gebratener Blutwurst oder Panhas gegessen.

Jeäschtezupp – Graupensuppe.

Kappes und Schaffu(r) – mit Kappes meint der Niederrheiner Weißkohl oder Kohl im Allgemeinen, mit Schaffu(r) den krausblättrigen Wirsing, „rue Kappes" ist der Rotkohl.

Kernpapp, Kannemelkspapp – Buttermilchsuppe, mit „kern" (von „kernen" = buttern) ist die Buttermilch, mit „papp" die Suppe oder der Brei gemeint. Analog kennt man auch „Flierepapp" – eine Fliederbeersuppe.

Kirmesbees – ein Aufgesetzter von Himbeeren oder Kirschen.

Knudele oder Mehlkluntjes – selbstgemachte Nudelteigklößchen als Sueppeneinlage für Milchsuppen.

Krutt – Rüben-, Apfel- oder Birnenkraut – ein konzentrierter Aufstrich aus den jeweiligen Früchten. Sie werden durch Kochen ohne Zucker solange ein-

reduziert, bis ein zäher brauner Sirup entsteht. Der Niederrheiner isst Kraut gerne aufs Brot, nutzt es aber auch zum Verfeinern von Pfannkuchen und Fleischsaucen.

Kuschelemusch – meint umgangssprachlich „Durcheinander" und meint einen Reste-Eintopf, der mit (Stock-)Fisch und Kartoffeln zubereitet wird.

Muurejubbel oder Muhrejubbel („Möhrenjubel") – Stampf-Eintopf, Untereinander aus Möhren und Kartoffeln.

Niederrheinische Kaffeetafel – als Ausdruck von Gemütlichkeit hat sich die lange Kaffeetafel, die einem üppigen Brunch gleicht, bis heute erhalten. Neben Kaffee aus der sogenannten „Dröppelmina", einer Kranen-Kaffeekanne aus Zinn („dröppeln"= tropfen, „Mina" = Kurzform von Wilhelmine, geläufiger Name für eine Dienstbotin), tischt man Schüsseln mit verschiedenen Brotsorten und Obststreuselkuchen auf. Dazu reicht man Kraut, Butter, Quark und Käse, Wurst und Schinken. Ein Verdauungsschnaps rundet die Gruppen-Mahlzeit ab.

Panhas – traditionelle Fleischspezialität, die aus Schlachtabfällen und grober Mehlgrütze hergestellt wird. Kross gebraten reicht man „Panhas" (abgeleitet von frz. „Panaché" für „bunt gewürfelt) zu Stampfkartoffel-Gerichten.

Pottkooche – Kartoffeltopfkuchen, ähnlich wie ein Auflauf.

Potthast – der Name dieses Schmorgulaschs, meist auch als Pfefferpotthast bekannt, leitet sich ab aus Pott (ein Topf) und Hast (ein Stück Rindfleisch). Man würzt es mit Zwiebeln, Lorbeer und auch etwas Essig.

Riefkoken, Pille- oder Schnibbel(s)-kuchen – Kartoffel-Reibekuchen.

Rübstiel oder Stielmus – ein Rübenblattgemüse, das im Frühjahr und im Herbst Saison hat.

Schweineweiß – ein Schweineragout mit fettem Schweinefleisch vom Bauch. Es wird mit Äpfeln, Zwiebeln, Meerrettich, Weißwein, Sahne und Zitrone abgeschmeckt.

Weißer Hannes, Wieße Hännes oder Finsterkitt – ein Leberwurst-Aufstrich, der mit Zwiebeln und Gewürzen angemacht wird. Da Leberwürste früher der Haltbarkeit wegen häufig in ein weißes Wachsbad getaucht wurden, erhielten die Würste ihren Namen. Der Aufstrich ist vor allem in Brauhäusern zur Brotzeit beliebt.

AUS DEM BAUERNGARTEN

AUFSTRICHE, SALATE UND EINGELEGTES

Die Region Niederrhein zwischen holländischer Grenze, Münsterland, Ruhrgebiet und Rheinland ist bekannt für ihre flache Flusslandschaft mit grünen Weiden und Streuobstwiesen. Das Bild des Niederrheins – dessen Geschichte bis in die Römerzeit reicht, ist aber auch schon früh geprägt von kulturellem Obst- und Gemüseanbau. Neben Erdbeeren, Äpfeln und Spargel machen vielfältige Salat- und Kohl-Spezialitäten aus dem wohl stärksten Gartenbaugebiet Nordrhein-Westfalens von sich reden. Und sogar schmackhafte Aprikosen, Tomaten und Paprika finden sich unter den hiesigen Kulturen.

Landwirtschaft und Ackerbau sind seit vielen Generationen am Niederrhein heimisch. Dass der Niederrheiner von jeher einen grünen Daumen hat, ist heute weit über die Grenzen hinaus bekannt. Doch woher kommt die Leidenschaft zu Obst und Gemüse? Weite Flächen mit guten Böden und Klimabedingungen stellten ideale Bedingungen dar. Auch die Nähe zur Ruhrmetropole, wo kaum Landwirtschaft möglich war, sowie die verkehrsgünstige Anbindung über Wasser, Schiene und Straße boten Vorteile für die Vermarktung landwirtschaftlicher Erzeugnisse in größerem Stil. Und so entwickelten die niederrheinischen Landwirte neben ihrem Anbau im Freiland auch Gewächshauskulturen, die frühere und längere Ernten möglich machen.

Was heute im Großen geschieht, wurde vor dem Zweiten Weltkrieg noch im Kleinen praktiziert. Fast jeder Haushalt hatte früher für die Selbstversorgung einen Garten und betrieb Vorratshaltung. Kam der Winter, kellerte man rechtzeitig vor dem ersten Frost Kartoffeln und Kohlköpfe auf Gestellen ein. Möhren und Wurzelgemüse setzte man zur Frischhaltung in eine Kiste mit feuchtem Sand. Bohnen und Kohl wurden durch Einschichten und Stampfen des zerkleinerten Gemüses mit Salz in einem Steinfass haltbar gemacht. Nach sechs Wochen konnte man bereits das milchsauer vergorene Gemüse als „suure Bunne“ und „suure Kappes“ genießen. Zusammen mit Kartoffeln bildeten sie die Basis für viele schmackhafte Wintereintöpfe. Kam das Frühjahr, zog man sich im selbstgebauten Gewächshaus oder im Hochbeet unter Glas Salat- und Erdbeerpflanzen und frische Kräuter vor. Während die Menschen zu Ostern in anderen Regionen noch mit dem Eingemachten haushalten mussten – konnte der Niederrheiner schon auf frische Spezialitäten zugreifen.

PETERSILIENPESTO

für 2 Gläser à 250 ml

Zutaten

1 großer Bund frische Petersilie
125 g Sonnenblumen- oder Walnusskerne (geschält)
125 g geriebener Hartkäse
1 Knoblauchzehe
250 ml Sonnenblumen- oder Walnussöl
Pfeffer, Salz, Zucker

Zubereitung

Die Sonnenblumen- oder Walnusskerne in einer Pfanne ohne Fett leicht anrösten und in einem Mörser zerstoßen. Hartkäse reiben, Petersilie und Knoblauchzehe fein hacken. Die Zutaten ohne den Käse in einem hohen Becher unter Zugabe des Öls pürieren. Den Käse zum Schluss unterheben und die Paste mit Gewürzen abschmecken. Das Pesto hält sich im Kühlschrank 2–3 Wochen.

TIPP

Das Pesto lässt sich auch mit Basilikum, Bärlauch oder Wildkräutern bereiten. Es schmeckt zu kalten Gemüse- und Fleischplatten sowie zu Eiern. Auch zum Verfeinern von Suppen und Salatsaucen eignet sich die Würzpaste.

LINSENSALAT MIT ZIEGENKÄSE

für 4 Personen

Zutaten

500 g braune Linsen
1 Bund Suppengrün
1 Knoblauchzehe
Salz, Pfeffer, Zucker

Für die Vinaigrette
125 ml Himbeeressig
250 ml Sonnenblumenöl
1 TL Honig
Salz, Pfeffer
frische Gartenkräuter

Gut zu wissen!

Der Bööscher Ziegenkäse aus Grefrath zählt zu den typischen Käsespezialitäten vom Niederrhein. Wer früher aus Platzgründen keine Kuh halten konnte, bereitete aus Schaf- und Ziegenmilch schmackhaften Hofkäse.

TIPP

Mischen Sie feine Blattsalate der Saison und Erdbeeren unter den Linsensalat und dekorieren ihn mit feinem Ziegenkäse nach Feta-Art. Wer es besonders herzhaft mag, kann die Vinaigrette noch mit einer gehackten Zwiebel verfeinern.

Zubereitung

Das Suppengemüse putzen und klein schneiden. Die Knoblauchzehe pressen. Beides in etwas Öl kurz anschwitzen und mit 700 ml leicht gesalzenem Wasser oder Brühe ablöschen. Die Linsen zugeben und bei geschlossenem Deckel köcheln lassen, bis sie gar, aber noch bissfest sind. In der Zwischenzeit die Vinaigrette zubereiten. Die Linsen abschütten und mit der Vinaigrette verrühren. Mit gehackten Gartenkräutern, Salz und Pfeffer abschmecken.

PELLKARTOFFELN
MIT KRÄUTERBUTTER

für 4 Personen

Zutaten

1 kg mittelgroße Frühkartoffeln (z.B. der Sorte Leyla)
250 g Sauerrahmbutter
1 Bund fein gehackte Gartenkräuter (z.B. Dill, Schnittlauch, Petersilie)
1 zerdrückte Knoblauchzehe
½ TL Salz

Zubereitung

Die Kartoffeln unter fließendem Wasser grob abbürsten und mit Wasser aufsetzen. Nach gut 30–40 Minuten sind sie gar. Für die Kräuterbutter die übrigen Zutaten mit der weichen Butter vermengen und zusammen mit den Pellkartoffeln reichen.

TIPP

Probieren Sie alternativ auch einen Kräuter-Quark. Ersetzen Sie die Butter einfach durch 400 g Quark und 200 g Naturjoghurt!

Gut zu wissen!

Bei jungen Kartoffeln können die dünnen Schalen mitgegessen werden, denn sie kommen frisch aus der Erde und ihre Schalen sind unbehandelt.

POTTSCHLOOT
(ENDIVIEN UNTEREINANDER)

für 4 Personen

Zutaten

1 Endivie
1,5 kg mehlig kochende Kartoffeln, z.B. Sorte Valisa
200 ml Milch
1 Stich Butter
nach Geschmack 80 g feingewürfelter Speck oder eine fein gehackte Zwiebel
Salz, Pfeffer
Essig
4 Bratwürste
Fett für die Pfanne

Zubereitung

Kartoffeln schälen und in Salzwasser garen. Nach einer guten halben Stunde die Kartoffeln abschütten und unter Zugabe der Milch und Butter zu einem Brei stampfen. Den Speck oder die Zwiebel auslassen und unter den Stampf mischen. Den gewaschenen und fein geschnittenen Endiviensalat unter die Stampfmasse heben und mit Essig und den Gewürzen abschmecken. Die Bratwürste in Fett goldbraun braten und zum Pottschloot reichen.

Gut zu wissen!

Pottschloot kann man kalt oder warm servieren.

TIPP

Außerhalb der Endiviensaison können Sie Kopfsalat für dieses Gericht verwenden.

TOMATENGELEE MIT GIN

für 6 Gläser à 250 ml

Zutaten

1,5 kg reife Strauchtomaten
125 ml Gin
500 g Gelierzucker 1:3
2 TL Salz
Pfeffer, Chilipulver

Gut zu wissen!

Die Tomate ist eng mit der Kartoffel, der Paprika und der Aubergine verwandt. Das Nachtschattengewächs bevorzugt im Garten vor allem warme, sonnige Standorte.

TIPP

Sie können das Gelee auch mit italienischen Kräutern oder nur mit Zitrone abschmecken. Es passt im Sommer hervorragend zum Grillbuffet.

Zubereitung

Die Tomaten waschen, entstielen und in Viertel schneiden. Mit etwas Wasser die Tomaten aufsetzen und zum Kochen bringen. Die Herdplatte ausstellen und die Tomaten nachgaren lassen. Nach dem Abkühlen die Masse durch ein Sieb streichen. Das Tomatenpüree mit dem Gelierzucker aufsetzen, die Gewürze zugeben und sprudelnd kochen lassen, bis die Masse anzieht. Den Gin zugeben, dann das Gelee in Schraubgläser füllen und diese fest verschließen.

WACHSBOHNENSALAT

für 4 Personen

Zutaten

1 kg Wachsbohnen
6 EL Sonnenblumenöl
3 EL Kräuteressig
Salz, Pfeffer, Zucker
Gartenkräuter oder eine Zwiebel

Zubereitung

Die Bohnen waschen und abfädeln. In etwas Salzwasser gar dünsten und abschütten. Aus Öl, Essig, Salz, Pfeffer und Zucker eine Vinaigrette rühren. Gehackte Kräuter oder Zwiebel dazugeben. Die abgekühlten Bohnen mit der Vinaigrette durchmengen.

Gut zu wissen!

Die Wachsbohne ist eine besonders zarte Variante der grünen Bohne. Sie hat von Juli bis September Saison.

TIPP

Der Bohnensalat ist – in Bügelgläsern serviert – für ein Picknick oder ein Grillbuffet eine schöne Bereicherung.

HERINGSSALAT

für 4 Personen

Zutaten

400 g Matjesfilets (küchenfertig)
100 g gekochtes Rindfleisch
200 g Kartoffeln
100 g Gewürzgurken aus dem Glas
100 g rote Bete aus dem Glas
2 hart gekochte Eier
1 Apfel

Für die Marinade
2 EL Majonäse
200 ml saure Sahne
3 EL Weinessig
1 kleine gehackte Zwiebel
Salz, Pfeffer, Zucker

Zubereitung

Die Matjesfilets über Nacht wässern und abtupfen. Die Zutaten für den Salat in kleine Würfel schneiden und in eine Schüssel geben. Die Zutaten für die Marinade miteinander verrühren und über den Salat geben. Diesen gut durchmengen und vor dem Servieren einige Stunden durchziehen lassen.

TIPP

Der Salat schmeckt auch ohne Rindfleisch und Eier! Je nach persönlicher Vorliebe können Sie auch die Zutatenmengen variieren.

Gut zu wissen!

Nach Geschmack gibt der Niederrheiner noch gehackte Walnusskerne mit unter den Salat. Auch Rosinen sind mancherorts eine beliebte Beigabe.

EÄRPELSCHLAAT
(WARMER KARTOFFELSALAT)

für 4 Personen

Zutaten

600 g festkochende Kartoffeln (z.B. Cilena)
60 g gewürfelter Räucherspeck
1 Zwiebel
3 EL Kräuter- oder Weinessig
3 EL Öl
1 kleine Tasse heiße Brühe
Salz, Pfeffer, frisch gehackte Kräuter

Gut zu wissen!

Der Kartoffelsalat ist eine leckere Beilage zu hausgemachter Sülze. Ein Rezept hierfür finden Sie im Kapitel „Von Weiden, aus Wäldern und Gewässern“.

Zubereitung

Kartoffeln kochen und pellen. Noch warm in Scheiben schneiden. Die Speck- und die Zwiebelwürfel in einer Pfanne auslassen und die heiße Brühe, den Essig und das Öl zugeben. Dann die Marinade über die Kartoffelscheiben geben und gut durchmengen. Den Kartoffelsalat mit Salz, Pfeffer und frischen gehackten Kräutern abschmecken.

Nach Vorliebe können Sie den Kartoffelsalat auch mit Kräutern und Radieschen oder mit hart gekochten Eiern verfeinern.

ERDBEER-SPARGEL-SALAT

für 4 Personen

Zutaten

500 g weißer oder grüner Spargel (gerne auch Bruch)
500 g Erdbeeren
2 EL Himbeer- oder Erdbeer-Essig
4 EL Sonnenblumen- oder Walnussöl
1 TL Honig
Salz, Pfeffer
etwas gehackte Petersilie oder Basilikum für die Garnierung

Zubereitung

Den weißen Spargel schälen. Den grünen Spargel nur im unteren Bereich putzen. Spargel in 2 cm lange Stücke schneiden. In etwas Salzwasser mit einem Spritzer Zitronensaft nur solange garen, bis er noch bissfest ist. In der Zwischenzeit die Erdbeeren waschen, putzen und vierteln. Den abgetropften Spargel mit den Erdbeeren in eine Schüssel geben. Aus Essig, Öl, Honig, Salz und Pfeffer eine Vinaigrette rühren und über den Salat geben. Gut durchmengen und vor dem Verzehr einige Zeit durchziehen lassen.

Gut zu wissen!

Spargel zählt zu den ältesten Heilpflanzen. Heben Sie die Spargelbrühe vom Kochen der Stangen also ruhig auf und bereiten Sie daraus eine Suppe. Ein leckeres Rezept für Spargel-Kartoffelsuppe finden sie im Kapitel „Herzhafte Suppen und Eintöpfe".

TIPP

Ist die Spargelzeit am Johannistag vorbei, lässt sich dieser erfrischende Salat auch nur mit Erdbeeren und Zitronenmelisse bereiten. Mit einem Spritzer Zitrone abrunden!

GÄNSESCHMALZ

für 1 Glas

Zutaten

125 g Gänseflomen
65 g Schweineschmalz
½ fein gehackte Zwiebel
1 fein gewürfelter, säuerlicher Apfel
Salz, Pfeffer, frischer oder getrockneter Oregano oder Beifuß

Zubereitung

2 EL Schmalz in einer Pfanne erhitzen und Zwiebel- und Apfelstücke zugeben. Bei schwacher Hitze dünsten lassen und den Rest Schmalz sowie das Flomen zugeben. Mit den Gewürzen abschmecken und abkühlen lassen. In ein Schraubglas füllen und kühl aufheben.

Gut zu wissen!

Flüssiges, warmes Schmalz mit Zwiebeln nutze man früher in der Bauernapotheke auch, um bei Erkältungen Brustwickel zu machen.

TIPP

Das Schmalz ist im Winter ein leckerer Brotaufstrich. Auch Eintöpfe und Gemüse-Gerichte lassen sich damit verfeinern.

KAPPESSCHLOOT (KRAUTSALAT)

für 4 Personen

Zutaten

½ Weißkohl
6 EL Rapsöl
2 EL Kräuter- oder Weißweinessig
Salz, Pfeffer, Zucker
gehackte Zwiebel oder Lauchzwiebeln nach Geschmack

Zubereitung

Den halben Kohlkopf putzen. Dafür äußere Blätter sowie harte Rippen entfernen, vierteln und Strunk rausschneiden. Den Kohl mit einem großen Gemüsemesser in etwa fünf Millimeter breite Streifen schneiden. Mit einem Kartoffelstampfer die Kohlstreifen etwas anstampfen, bis Saft austritt. Aus Rapsöl, Essig, Salz, Pfeffer und Zucker eine Marinade rühren. Nach Geschmack noch eine gehackte Zwiebel oder Lauchzwiebel dazugeben. Die Marinade über den Kohl gießen und gut durchmengen. Vor dem Servieren etwas durchziehen lassen.

VOM LIEBEN FEDERVIEH

SPEISEN RUND UMS EI

Gänse-Ei und andere Spezialitäten

Wer an den Niederrhein kommt, staunt ab Frühsommer nicht schlecht über das weiße Federkleid, das die sonst so grünen Weiden tragen. Denn bis zum Martinstag sieht man neben Rindern oder Schafen auch Gänseherden in der Landschaft.
In der Küche ist die Gans ebenso prägend, nicht nur als Braten oder in Form von Rillette oder Apfel-Zwiebel-Schmalz. Auch als Eierproduzent hat sie am Niederrhein seit Jahrhunderten eine ganz besondere Bedeutung.

Saison von Oktober bis Mai

Das Niederrheinische Gänse-Ei gilt über die Grenzen hinaus als kulinarische Spezialität der Region. Etwas kräftiger im Geschmack als Hühnereier, sind die XXL-Eier bei Genießern und ebenfalls bei Hühnereiweiß-Allergikern beliebt. Als gekochte Delikatesse mit Senfsauce, Blattspinat und Salzkartoffeln hat es das Niederrheinische Gänse-Ei sogar auf die Karten der gehobenen Gastronomie geschafft.

Von Oktober bis Mai legt eine Gans etwa 40 Eier. Mit einem Gewicht von 160 Gramm ist das Gänse-Ei etwa dreimal so groß wie ein Hühnerei und kann in der Küche ähnlich verwendet werden. Die empfohlene Kochzeit beträgt 10 Minuten.

Eier- und Pottkuchen

Einen großen Variantenreichtum kennt die Niederrheinische Küche im Hinblick auf Eier- und Kartoffelspeisen. In früheren Zeiten aß man, um kostbares Brot zu sparen, neben Milchsuppen auch gerne Bratkartoffeln oder Eiergerichte zum Frühstück oder Abendbrot. Obstpfannkuchen und Reibekuchen („Schnibbel(s)-kooche“) stellten darüber hinaus eine leckere Mittagsbeilage zu einfachen Suppen dar. Eine besondere Spezialität ist auch der Rheinische Kartoffelkuchen. Eine Masse aus geriebenen Kartoffeln, Eiern und Speck wird hierfür in einem Brattopf („Pott“) ausgebacken. Auch am nächsten Tag schmecken die Scheiben, knusprig in der Pfanne gebraten, noch vorzüglich.

GÄNSE-EIER
MIT SENFSAUCE UND SPINAT

für 4 Personen

Zutaten

4 Gänse-Eier
1 kg frischer Spinat
125 ml Sahne
125 ml Milch
2 TL Senf
1 Eigelb
2 Zwiebeln
1 Knoblauchzehe
Butter
Salz, Pfeffer

Gut zu wissen!

Wer die Gänse-Eier innen noch flüssig mag, sollte die Kochzeit auf 10 Minuten reduzieren. Kochzeit bei Eiern heißt immer, dass man ab dem ersten Kochen des Wassers auf die Uhr schaut.

Zubereitung

Gänse-Eier in einem Topf mit Wasser aufsetzen und knapp 20 Minuten kochen lassen. In der Zwischenzeit die Senfsauce und den Spinat bereiten. Für die Sauce eine fein gehackte Zwiebel in etwas Butter anschwitzen und mit Milch und Sahne auffüllen. Senf, Salz und Pfeffer zugeben und die Sauce einreduzieren lassen. Mit dem Eigelb legieren und warmhalten, aber nicht mehr kochen lassen.
Spinat waschen, putzen und in etwas Wasser blanchieren. Nach Geschmack die Blätter hacken und mit einer fein gewürfelten Zwiebel und einer Knoblauchzehe in etwas Butter anschwitzen. Mit Salz und Pfeffer abschmecken und in eine flache Schüssel oder Auflaufform geben. Die gekochten Eier mit kaltem Wasser abschrecken, pellen, halbieren und in das Spinatbett setzen. Mit Brot, Pell- oder Salzkartoffeln und der Senfsauce reichen.

TIPP

Alternativ zur Senfsauce kann man auch eine Spinatsauce bereiten. Hierfür die Spinatblätter abtropfen lassen und hacken. Zwiebeln in etwas Fett glasig dünsten, Milch oder Sahne zufügen und etwas einköcheln lassen, nach Vorliebe mit etwas Speisestärke binden. Dann den Spinat zugeben und mit Salz, Pfeffer und Muskat abschmecken.

POTTKOOCHE
(KARTOFFELKUCHEN)

für eine Auflauf- oder Kuchenform (1,5 l)

Zutaten

800 g halbfest kochende Kartoffeln (z.B. Sorte Belana)
400 g Möhren
400 g Zucchini
250 g Speisequark 10 %
6 Eier
2 gehackte Zwiebeln
2 gehackte Knoblauchzehen
3–4 EL Kartoffelstärke
1 TL Salz
Pfeffer, Muskat
Saft von ½ Zitrone

Zubereitung

Die Kartoffeln und Möhren schälen. Die Zucchini putzen. Das Gemüse mithilfe einer Reibe mittelfein bis grob reiben. Die Kartoffelraspel mit Zitrone beträufeln, damit sie nicht braun werden. Dann alle Zutaten in eine Schüssel geben und miteinander vermengen, sodass ein homogener Teig entsteht. Den Teig in eine gefettete Backform geben und bei 160 Grad Celsius Umluft rund eine bis anderthalb Stunden backen. Den Kartoffelkuchen warm oder kalt mit Salat oder Rübenkraut servieren.

Gut zu wissen!

Ursprünglich verwendete man nur Kartoffeln für den Topfkuchen. Auch Speckstückchen kann man mit in den „Pottkooche" geben.

TIPP

Am nächsten Tag schmeckt der Kuchen scheibenweise in einer Pfanne von beiden Seiten kross gebraten noch mal so gut.

PFANNKUCHEN

für 4 Stück

Zutaten

100 g Mehl
250 g Milch
2 Eier
1 EL Zucker
eine Prise Salz
frische Beerenfrüchte, entsteinte, geviertelte Pflaumen, Kirschen oder klein geschnittene Apfelstücke
Fett zum Ausbacken

Zubereitung

Mehl, Milch, Eier, Zucker und Salz zu einem geschmeidigen Teig verrühren. Den Teig etwas ruhen lassen. Eine Pfanne mit Fett erhitzen. Den Teig portionsweise zu Küchlein verarbeiten. Dabei das vorbereitete Obst auf die Küchlein geben und diese von beiden Seiten goldgelb backen.

TIPP

Fluffiger werden die Küchlein, wenn man die Eier trennt und das Eiweiß als Eischnee unter den Teig hebt.

Gut zu wissen!

Obst- und auch Speckpfannekuchen waren früher eine beliebte Mittags- oder Abendmahlzeit. Man reichte sie zu Eintöpfen oder Brot.
Für die herzhafte Variante den Zucker weglassen und 250 g Speckstreifen oder Mettwurst dazugeben.

BUCHWEIZENOFFELT

für 30–40 Küchlein

Zutaten

250 g Buchweizenmehl
100 g Zucker
250 ml kalter Kaffee
50 g Rosinen
1 TL Backpulver
2 Eier
Fett für die Pfanne

Zubereitung

Das Mehl mit dem Backpulver mischen und den Kaffee langsam unterrühren. Die Eier und den Zucker zugeben und ebenfalls untermischen. Rosinen unterheben und den Teig rund 20 Minuten ruhen lassen. Dann portionsweise (1 EL pro Küchlein) in heißem Fett knusprig ausbacken. Warm stellen und zügig servieren.

Gut zu wissen!

Die Buchweizenpfannküchlein werden gerne mit Rübenkraut oder Beeren-Konfitüre und Schwarzbrot gereicht. Für die herzhafte Variante gibt man beim Backen statt Rosinen Mettwurstscheiben oder Speckstreifen auf den Teig. In alter Zeit backte man sie und auch andere Krapfen-Gebäcke in einer Augenpfanne (gusseiserne Pfanne mit runden Vertiefungen) direkt über der Flamme des Herdes.

TIPP

Auf ähnliche Weise bereitet man auch Ballebäuskes. Für den Rührteig benötigt man 125 g Zucker, 2 kleine Eier, 250 g Weizenmehl, 2 TL Backpulver, 250 ml Milch und je 1 Prise Salz und Zimt. Vor dem Ausbacken kommen noch 100 g Rosinen unter den Teig. Eine Variante mit Hefe finden Sie auf der folgenden Seite.

PÜFFERKES
(NIEDERRHEINISCHE APFELKRAPFEN)

für 12–14 Stück

Zutaten

500 g Weizenmehl
400 ml Milch
125 g Zucker
40 g Hefe
½ TL Salz
60 g flüssige Butter
1 Ei
125 g Rosinen
125 g Apfelstückchen
Fett zum Ausbacken

Zubereitung

Aus den Zutaten einen Hefeteig bereiten. Hierfür aus einem kleinen Teil des Mehls, einem guten Schuss lauwarmer Milch, der zerbröselten Hefe und einem EL Zucker einen Vorteig ansetzen. Wenn dieser ausreichend gegangen ist, die restlichen Zutaten zugeben und abermals gehen lassen, bis sich das Teig-Volumen in etwa verdoppelt hat. Zum Schluss Rosinen und Apfelstückchen einarbeiten. Den Teig portionsweise in der Pfanne in reichlich Fett ausbacken. Nach Belieben mit Zimt und Zucker servieren.

Gut zu wissen!

Die Krapfen kennt man unter verschiedenen Namen und auch in variierenden Rezepturen und Größen am Niederrhein. An der Grenze zum Münsterland gibt es die größeren Struwen, an der Grenze zum Bergischen Land die kleinen Ballebäuskes. Auch unter der Bezeichnung Püfferkes, Kräbbelkes oder Plinsen kennt man sie.

TIPP

Zu den Apfelkrapfen passt gut eine süße Wein- oder Biersuppe. Für die Weinsuppe: 250 ml Wasser, 250 ml Wein, 100 g Zwieback oder 30 g Speisestärke, 60 g Zucker. Salz, etwas Zitronensaft und eine Stange Zimt kurz aufkochen lassen. Das Rezept für Biersuppe finden Sie ebenfalls in diesem Kapitel.

ARMER LEHMANN

für 4 Personen

Zutaten

4 dicke Scheiben altbackenes Weißbrot („Pottweck") oder alternativ Zwieback
400 ml Milch
4 Eier
Salz, Zucker, Zimt
Fett zum Ausbacken

Gut zu wissen!

Der Namen des Reste-Gerichts leitet sich ab von „Lehnsmann", einem Adeligen, der im Mittelalter von einem anderen Adeligen ein Stück Land erhielt und sich im Gegenzug zu Dienst und Treue verpflichtete. Auch als Arme Ritter, Zwiebackschnitten oder Brotpfannkuchen kennt man das Arme-Leute-Essen.

TIPP

Mit Zimt und Zucker bestreuen und mit Obstkompott servieren.

Zubereitung

Die Eier mit der Milch verquirlen und in einen Suppenteller geben. Die Brotscheiben in der Mitte durchschneiden und nacheinander kurz in die Eiermasse eintauchen. Eine Pfanne mit ausreichend Fett erhitzen und die Brotscheiben von beiden Seiten goldgelb ausbacken.

ALTBIERSUPPE MIT BROTWÜRFELN

für 4 Personen

Zutaten

4 Eigelb
100 g Zucker
200 ml Sahne
500 ml Altbier
1 Zimtstange
Abrieb von einer unbehandelten Zitrone
geröstete Brotwürfel nach Geschmack

Zubereitung

Eigelb und Zucker in einen Topf geben und schaumig aufschlagen. Die Sahne zugeben und unter Rühren erhitzen. Die Suppe dabei nicht kochen lassen. Das Bier mit der Zimtstange und Zitrone in einen zweiten Topf geben und erhitzen. Dann langsam in das Sahne-Eigelb-Gemisch rühren. Sofort mit den gerösteten Brotwürfeln dekoriert servieren.

Gut zu wissen!

Auch eine herzhafte Variante der Biersuppe kennt der Niederrheiner: Für die Eierbiersuppe nimmt man 500 ml Altbier, 500 ml Fleischbrühe, 100 ml Sahne, 4 Eigelb und 1 Bund Petersilie. Das Bier und die Suppe kurz aufkochen lassen. Die Sahne mit dem Eigelb verquirlen und der nicht mehr kochenden Suppe unter Rühren zugeben. Mit Salz, Pfeffer und Petersilie abschmecken.

TIPP

Die Altbiersuppe schmeckt auch zu klein geschnittenem Obst und zu süßen Pfannkuchen.

KNUDELESUPP
(MILCHKNUDELN)

für 4 Personen

Zutaten

1,5 Liter Milch
250 g Mehl
60 g Zucker
1 Ei
Mineralwasser
etwas Zitronenabrieb
Salz, Zucker, Zimt

Zubereitung

Die Milch in einen Topf füllen. Die übrigen Zutaten in eine Schüssel geben und mit einem Kochlöffel zu einer zähen Nudelmasse verarbeiten. Etwa 20 Minuten quellen lassen. Die Milch zum Kochen bringen und mit einem Löffel kleine, knopfartige Nudeln abstechen. Diese in der Milch gut 10 Minuten mitköcheln lassen.

Gut zu wissen!

Einfache Milchsuppen wie diese waren früher eine beliebte Abendmahlzeit. Auch warme Puddingsuppen, beispielsweise mit Kakao-Geschmack, reichte man gerne.
Das Rezept für Schokoladensuppe finden Sie auf S. 86.

TIPP

Die Suppe mit Zimtzucker bestreuen. Sie schmeckt warm und kalt. Auch Obstkompott passt hervorragend als Beilage.

SCHNIBBEL(S)KUCHEN
(REIBEKUCHEN)

für 12–14 Küchlein

Zutaten

1000 g Kartoffeln
2 Eier
1 Zwiebel nach Geschmack
2–3 EL feine Haferflocken
Salz, Pfeffer
Fett zum Ausbacken

Zubereitung

Die Kartoffeln schälen und fein raspeln oder in dünne Scheiben und anschließend in feine Streifen schneiden. Die Kartoffelmasse auspressen oder auf einem Sieb abtropfen lassen, sodass die Flüssigkeit entweicht.
Die Zwiebel in feine Stücke schneiden. Zusammen mit den Kartoffeln und den restlichen Zutaten zu einem Teig rühren und portionsweise im heißen Fett zu kleinen Kuchen ausbacken. Auf einem Küchenkrepp abtropfen lassen. Sofort servieren oder im Backofen warmstellen.

Gut zu wissen!

Traditionell reicht man Schwarzbrot mit Butter und Rübenkraut zu den Riev- oder Schnibbel(s)kooche.

TIPP

Mit einem grünen Salat, etwas Räucherlachs und Kräuterquark serviert, schmecken Reibekuchen auch im Sommer vorzüglich. Ein Teil der Kartoffeln lässt sich auch durch Möhren, Zucchini oder Kohlrabi ersetzen.

GRÜNE EIERKUCHEN

für 2–3 Eierkuchen

Zutaten

3 Eier
250 ml Milch
250 g Mehl
Salz, Pfeffer, Muskat
1 Bund Schnittlauch, Petersilie oder andere Kräuter
Fett zum Ausbacken

Zubereitung

Eier, Milch und Mehl zu einem glatten Teig verrühren. Mit den Gewürzen und den gehackten Kräutern abschmecken. Den Teig rund 20 Minuten ruhen lassen. Dann in einer gefetteten Pfanne portionsweise die Eierkuchen ausbacken, bis sie von beiden Seiten goldbraun sind. Mit frisch gehackten Kräutern dekorieren und zu einem Salat servieren.

Gut zu wissen!

Grüne Eierkuchen bereitete man früher gerne mit Aufkommen der ersten Wildkräuter im Frühjahr. Auch in der Fastenzeit war das Eiergericht eine leckere Abwechslung.

TIPP

Rollen Sie in der Spargelzeit gedünstete Spargelstangen in den Eierkuchen. In der Pilzsaison passt ein Pilzragout als Beilage. Statt Kräuter eignet sich auch gedünsteter, gehackter Spinat zum Verfeinern des Teigs.

VERLORENE EIER

für 4 Personen

Zutaten

4 Eier
1,5 l Wasser
2 EL Essig

Gut zu wissen!

Als „Pochieren“ bezeichnet man das Garziehen in einer nicht kochenden Flüssigkeit. Auch Obst, Gemüse, Fleisch oder Fisch lassen sich so auf schonende Weise zubereiten.

TIPP

Die pochierten Eier zu Senfsauce und Spinat (siehe Rezept „Gänse-Eier mit Senfsauce und Spinat“ in diesem Kapitel) oder zu einem frischen Salat reichen.

Zubereitung

Wasser und Essig kochen und auf 65–75° C abkühlen lassen. Jeweils ein Ei in einer kleinen Tasse aufschlagen und vorsichtig in das Essigwasser geben. Nach rund sieben Minuten Eier mit einer Schaumkelle herausnehmen. Abstehende Eiweißstücke abschneiden und servieren.

SELBSTGEMACHTER EIERLIKÖR

für eine Flasche à 500 ml

Zutaten

3 sehr frische Eigelb
1 Päckchen Vanillezucker
100 g Puderzucker
200 ml Sahne
100 ml Korn oder Weinbrand

Gut zu wissen!

Besonders frische Eier (Handelsbezeichnung „extra frische Eier" oder „A Extra") bieten meist nur Erzeuger aus nächster Nähe an.

Zubereitung

Eigelb, Vanillezucker und Puderzucker zirka 10 Minuten lang mit dem Handrührgerät auf höchster Stufe schaumig schlagen, die Sahne und den Korn langsam zugeben und weitere fünf bis zehn Minuten rühren. Den Likör in eine Flasche abfüllen und bis zum Verzehr im Kühlschrank aufbewahren.

TIPP

Selbstgemachter Eierlikör ist nicht nur ein schönes Mitbringsel für gute Freunde, sondern eignet sich auch zum Dekorieren von Desserts und süßen Pfannkuchen.

ALLES AUS EINEM TOPF

HERZHAFTE SUPPEN UND EINTÖPFE

Etwas Warmes braucht der Niederrheiner

Eintöpfe erfreuten sich in früheren Zeiten als wärmende und sättigende Mittagsmahlzeit großer Beliebtheit. Wenn die Familie vom Feld oder aus dem Stall kam, konnte man den großen Topf auf dem Feuer rasch warm machen. Im Sommer aß man häufig Stampfkartoffeln mit Salat aus dem Garten, im Winter indes gestampfte Kartoffeln mit Sauerkraut, Möhren oder sauren Bohnen untereinander.

Mittags deftige Suppen – quer durch den Garten

Darüber hinaus waren auch einfache Suppen und Breispeisen in den niederrheinischen Bauernhaushalten üblich, um die großen Familien preiswert und mit dem – was der Hof selber erzeugte – zu ernähren. Wer hatte, gab etwas Speck, eine Beinscheibe, Hackfleisch oder Mettenden mit in die Gemüse-Suppe. Diese wurde frei nach dem Motto „Quer durch den Garten“ mit dem angereichert, was die Saison bot.

Für den Wintervorrat trocknete man Erbsen und Bohnen. Diese waren neben Graupen eine beliebte Suppeneinlage für kalte Tage. Auch Buttermilch- und Milchsuppen wurden gerne mit Weizengrütze oder Rollgerste angereichert. Eine der bekanntesten Milchsuppen dieser Art ist „Kernpapp“ oder „Kannemelkspapp“. Von der Buttermilchsuppe mit Graupen und Trockenobst berichten die Bewohner, dass sie neben der „Knudelesupp“ gerne am Samstagmittag auf den Tisch kam, wenn es schnell gehen musste und die Familien mit den Vorbereitungen für das Wochenende beschäftigt waren. Man aß die Milchsuppen vorwiegend zum Frühstück oder zum Abendbrot.

Morgens und abends Milchsuppen mit Obst

Neben Graupen, Trockenobst, trockenem Brot oder Zwieback aßen besonders Kinder gerne die Knudeln, selbst gemachte Nudelklößchen. Der Nudelteig aus Mehl, Ei, Wasser und etwas Zucker war schnell zubereitet. Mit einem Löffel stach man kleine Klöße von der zähen Masse ab und ließ sie in der simmernden Milch garen. Auch mit gedünstetem oder getrocknetem Obst reicherte man die Milchsuppen an.

Zu den besonderen Spezialitäten aus früheren Zeiten zählen heute die Bier- und Eierbiersuppen. Das erwärmte Altbier wurde mit Ei, Mehl oder altbackenem Brot und Butter gebunden. Man fügte Salz und Muskatnuss oder Kümmel für die herzhafte Variante oder Zucker und Zimt für die süße Variante hinzu.

KANNEMELKSPAPP
(BUTTERMILCHSUPPE MIT GRAUPEN)

für 4 Personen

Zutaten

100 g feine Graupen
60 g Zucker
2 l Buttermilch
100 g Rosinen und/oder Trockenfrüchte

Zubereitung

Die Graupen mit 300 ml Wasser aufsetzen und aufkochen, dann ausquellen lassen. Die Buttermilch und die getrockneten Früchte dazugeben und alles gut verrühren. Warm oder kalt mit etwas Rübenkraut servieren.

Gut zu wissen!

In ähnlicher Weise – nur ohne Graupen – bereitet man „Kernpapp“, eine Buttermilchsuppe mit Trockenobst. Die Buttermilch wird mit etwas angerührter Speisestärke gebunden, bevor die Früchte dazukommen. Auch eine Buttermilch-Kaltschale mit eingemachten Birnenstücken ist beliebt.

TIPP

Besonders erfrischend schmecken kalte, süße Buttermilchsuppen, wenn man etwas abgeriebene Zitronenschale zugibt.

FITSCHEBUNNEZUPP
(BUTTERMILCHBOHNENSUPPE)

für 4 Personen

Zutaten

1000 g halbfest bis mehligkochende Kartoffeln
1 l Buttermilch
250 ml warme Milch
250 ml Sahne oder Sauerrahm
30 g Butter
600 g grüne gedünstete Brechbohnen oder gewässerte Rheinische Schneidebohnen
1 Zweig frisches Bohnenkraut
Salz, weißer Pfeffer

Zubereitung

Kartoffeln schälen, abbrausen und in grobe Stücke schneiden. Mit Salzwasser aufsetzen und garen, bis sie zerfallen. Kartoffeln abgießen und mit dem Stampfer ein Stück Butter und warme Milch unterarbeiten, bis ein Kartoffelbrei entsteht. Dann Buttermilch und Sahne zugeben und mit Salz, Pfeffer und etwas Bohnenkraut (Zweig kurz mitziehen lassen) abschmecken. Wer es sämig mag, kann die Suppe mit dem Pürierstab noch verfeinern. Zum Schluss die gedünsteten Bohnen in die Suppe geben.

Gut zu wissen!

Auch mit dicken weißen Bohnen ist diese herzhafte Buttermilch-suppe bekannt.

TIPP

Die Suppe lässt sich auch mit etwas Essig und ausgelassenen Zwiebeln und Speckstücken würzen. Wei die Säure der Buttermilch gerne mag, kann auf Sahne verzichten und mehr Buttermilch in die Suppe geben.

GRAUPENSUPPE MIT RINDFLEISCH

für 4 Personen

Zutaten

100 g Graupen
1 Beinscheibe oder ein Stück Suppenfleisch vom Rind
1 Liter Fleischbrühe oder Wasser
2 Zwiebeln
1 Bund Suppengrün (1/4 Sellerieknolle, 2 Möhren, 1 Lauchstange)
6 Kartoffeln
1 EL Schmalz
Salz, Pfeffer
Petersilie

Gut zu wissen!

Graupen kocht man wie Reis. Es handelt sich dabei um geschälte und polierte Gersten- oder Weizenkörner. Diese hatte man früher für Suppeneinlagen immer im Hause. Heute stellen sie in der Gastronomie auch eine Beilagen-Spezialität mit regionalem Charakter dar.

Zubereitung

Die Zwiebel schälen und würfeln. Zusammen mit dem gewürfelten Suppengemüse in etwas Schmalz anschwitzen. Mit der Brühe oder leicht gesalzenem Wasser ablöschen. Das Fleisch zugeben. Mit Salz und Pfeffer würzen. Je nach Größe des Fleischstücks anderthalb bis zwei Stunden köcheln lassen. Kurz vor Ende der Garzeit die Graupen zugeben. Das Fleisch vor dem Servieren klein schneiden und die Suppe mit gehackter Petersilie überstreuen.

ERBSENSUPPE MIT EISBEIN

für 4 Personen

Zutaten

400 g grüne Erbsen (frisch oder getrocknet)
1 Eisbein
nach Geschmack Speckabschnitte
3 l Wasser
1 Bund Suppengemüse
2 Lorbeerblätter
2 große Zwiebeln
2 TL Salz
Pfeffer
Fett zum Anschwitzen

Fur die Suppeneinlage
800 g Kartoffeln
1 Lauchstange
einige Möhren
1 Bund frische Petersilie

Zubereitung

Die getrockneten Erbsen über Nacht in Wasser einweichen. Speckabschnitte, Suppengemüse und Zwiebeln geputzt und in Würfel geschnitten in einen großen Topf geben und in etwas Fett anschwitzen. Eisbein mit kaltem Wasser und Gewürzen zugeben. Das Eisbein eine gute Stunde in der Suppe köcheln lassen und dann das Fleisch vom Knochen lösen und in mundgerechte Stücke schneiden. In der Brühe die Erbsen eine gute Dreiviertelstunde kochen. Dann die geschälten und gewürfelten Gemuse (auch die frischen Erbsen, wenn man hat) für die Suppeneinlage und das klein geschnittene Fleisch zugeben und alles gar kochen lassen. Mit gehackter Petersilie bestreut servieren.

Gut zu wissen!

Getrocknete Hülsenfrüchte wie Erbsen, Bohnen oder Linsen waren früher für den Wintervorrat unerlässlich. Als wichtiger Eiweißlieferant und Sattmacher waren sie hoch geschätzt, denn man hatte nicht immer viel Fleischeinlage zur Verfügung.

TIPP

Genauso gut eignen sich gelbe Erbsen und weiße Bohnen für diesen Eintopf.

KÜRBISSUPPE

für 4 Personen

Zutaten

500 g Kürbisfleisch (Hokkaido oder Butternuss)
300 g Kartoffeln
2 Zwiebeln
750 ml Brühe
100 ml Sahne
2 EL Öl
Salz, Pfeffer, Muskat
geröstete Brotwürfel oder Kräuter nach Geschmack

Zubereitung

Die Zwiebeln würfeln, in Öl andünsten und mit der Brühe ablöschen. Kürbisfleisch und geschälte Kartoffeln gewürfelt hinzufügen, im geschlossenen Topf weich kochen und pürieren. Die Suppe mit Sahne verfeinern, mit den Gewürzen abschmecken und geröstete Brotwürfel, Sonnenblumenkerne oder Kräuter aufstreuen.

Gut zu wissen!

Der Hokkaido-Kürbis muss nicht geschält werden, da seine Schale beim Kochen weich wird.

TIPP

Die Suppe lässt sich auch statt mit Kürbis mit Pastinaken oder Steckrüben zubereiten. Wer es deftig mag, kann auch noch Speckabschnitte mit in die Suppe geben.

MURREJUBBEL
(MÖHREN-KARTOFFEL-EINTOPF)

für 4 Personen

Zutaten

700 g Möhren
700 g Kartoffeln
1,5 l kräftige Fleischbrühe
Salz, Pfeffer und Lorbeerblatt
1 Stich Butter
Schmand
gehackte Petersilie

Gut zu wissen!

Möhren wurden früher für den Wintervorrat in Sandkisten eingekellert und blieben so den ganzen Winter über frisch.

TIPP

Mettwurst oder Bratwurst passt zu diesem Gericht.

Zubereitung

Die Möhren und Kartoffeln in kleine Würfel schneiden. Bei mittlerer Hitze in der Fleischbrühe garen lassen. Etwas Butter und Schmand zufügen und die Suppe mit einem Stampfer sämig machen. Gehackte Petersilie aufstreuen und servieren.

HÜHNERSUPPE
MIT EIERKUCHENSTREIFEN

für 6 Personen

Zutaten

1 Suppenhuhn
2,5 l Wasser
oder
2 Hähnchenbrustfilets oder -keulen
1,5 l Wasser
Suppengemüse
3 Lorbeerblätter, 3 Nelken,
3 Pimentkörner (in ein Gewürzsäckchen geben)

Für die Suppeneinlage nach Geschmack

2 Eierkuchen (in Streifen geschnitten)
2 Möhren
1 Lauchstange
Petersilie

Zubereitung

Das Suppenhuhn mit dem Wasser, den klein geschnittenen Gemüsen und den Gewürzen aufsetzen. Den Ansatz 2–3 Stunden kochen lassen und am nächsten Tag abseihen. Das Huhn tranchieren, enthäuten und das weiße Fleisch in mundgerechte Stücke schneiden und der Suppe wieder zugeben.
Die Brühe mit klein geschnittenen Möhren- und Lauchstangen-Stücken erneut köcheln lassen. Zwei Eierkuchen (ein geeignetes Rezept findet sich unter dem Namen „Grüne Eierkuchen" im Kapitel „Vom lieben Federvieh" auf S. 33) in feine Streifen schneiden und der Suppe zugeben.

GRÜNDONNERSTAGSSUPPE
(FASTENSUPPE)

für 4 Personen

Zutaten

1 kg Wildkräuter und Gartengemüse (z.B. junge Triebe von Brennnesseln, Löwenzahn, Holunder, Spinat, Lauch, letzte Triebe vom überwinterten Grünkohl)
5 Zwiebeln
500 g Kartoffeln
Salz, Pfeffer
2 Liter Wasser
150 ml Sahne

Gut zu wissen!

Die Fastensuppe, auch mancherorts „Heggengemös" genannt, war die erste Suppe, die man im Frühjahr aus frischen Zutaten kochen konnte.

Zubereitung

Kartoffeln und Zwiebeln schälen und würfeln. Wildkräuter waschen und hacken. Zusammen mit dem leicht gesalzenen Wasser aufsetzen und alles weich kochen lassen. Nach Belieben die Suppe so belassen oder pürieren.

TIPP

Mit gerösteten Brotstückchen und Lauchringen dekorieren.

SPARGEL-KARTOFFEL-SUPPE

für 4 Personen

Zutaten

10 Stangen Spargel oder entsprechend viel Spargelbruch (wahlweise weißer und grüner Spargel)
1 Liter Spargelbrühe (Kochwasser mit Salz, Zucker, Zitronensaft angereichert)
800 g halbfest bis mehlig kochende Kartoffeln
wahlweise 100 g Schinkenwürfel
1 Zwiebel
200 ml Sahne
100 ml saure Sahne oder Milch
100 ml trockener Weißwein oder Milch
Salz, Pfeffer, Muskat

Zubereitung

Den weißen Spargel schälen, den grünen Spargel putzen und nur die trockenen Enden entfernen. Die Spargelstangen in einem großen Topf oder Spargeltopf mit 1 Liter Wasser aufsetzen. Eine Prise Salz und Zucker sowie einen Spritzer Zitronensaft zugeben.
Den Spargel noch bissfest garen und abgießen. Dabei das Kochwasser auffangen.
Geschälte und gewürfelte Kartoffeln sowie Zwiebel mit dem Kochwasser aufsetzen und gar kochen lassen, bis sie zerfallen. Einen Teil des gekochten Spargels und Schinkenwürfel zugeben und mitkochen lassen.
Die Masse mit dem Pürierstab cremig pürieren, dabei Sahne, saure Sahne und Weißwein zugeben. Den noch ganzen Spargel in Stücken zugeben.
Mit Salz, Pfeffer und Muskat abschmecken.

Gut zu wissen!

Grüner Spargel gedeiht – anders als weißer Spargel – nicht in Erdwällen, sondern oberirdisch. Durch die Sonneneinwirkung bildet sich Blattgrün und mehr Vitamin C als beim weißen Spargel. Im Aroma ist der grüne würziger als der weiße Spargel und auch preislich günstiger, da er weniger aufwändig im Anbau ist.

TIPP

Nach Belieben kann auch die gesamte Suppe püriert und mit Kochschinkenstreifen dekoriert werden.

APFEL-BOHNEN-TOPF
MIT KASSELER

für 4 Personen

Zutaten

500 g Kasseler Lachs
100 g durchwachsener Speck in Würfeln
2 Zwiebeln
2 Äpfel
500 g grüne Bohnen
250 ml Apfelsaft oder Wasser
500 ml Gemüsebrühe oder Salzwasser
1 Stich Butter
1 TL getrocknetes Bohnenkraut
Salz, Pfeffer

Zubereitung

Die Bohnen waschen, putzen und in 3 cm lange Stücke schneiden. Den Kasseler Lachs auf 3 x 3 cm große Würfel schneiden. Kasseler-Würfel zusammen mit Speck in Butter anschwitzen. Zwiebelringe zufügen und kurz anbraten. Knoblauchzehe zerdrücken und mit den Bohnen und dem Bohnenkraut zugeben, mit Salz und Pfeffer würzen. Den Apfelsaft und die Gemüsebrühe zugeben und alles rund 20 Minuten garen lassen. Die Äpfel kurz vor Ende der Garzeit zugeben, sodass sie Biss behalten.

Gut zu wissen!

Das Gericht erinnert an den Norddeutschen Küchenklassiker „Birnen, Bohnen und Speck". Dieser wird mit separat gekochten Kartoffeln gereicht.

TIPP

Auch Kartoffelstückchen passen zum Eintopf.

SELLERIE-KARTOFFEL-WIRSING-TOPF

für 4 Personen

Zutaten

1 Sellerieknolle
500 g Wirsing
800 g Kartoffeln
3–4 Möhren
1 Zwiebel
2 EL Schmalz
½ l Wasser
Salz, Pfeffer
4 Mettenden
Schmalz

Zubereitung

Sellerie, Zwiebeln und Möhren schälen und grob würfeln. Die Gemüse in etwas Schmalz anrösten und die geschälten Kartoffeln ebenso als Würfel zugeben, mit leicht gesalzenem Wasser auffüllen. Nach einer halben Stunde die Mettenden zugeben und den Eintopf solange kochen lassen, bis die Kartoffeln gar sind. Nach Bedarf noch etwas Wasser angießen. Den Eintopf mit Salz und Pfeffer abschmecken.

Gut zu wissen!

Sellerie ist nicht nur ein schmackhaftes Wintergemüse, sondern auch ein altbewährtes Heilmittel. So hilft Sellerietee unter anderem bei Bluthochdruck, bei einem hohen Cholesterinspiegel oder auch bei Heiserkeit.

TIPP

Noch deftiger wird der Eintopf, wenn man Speckabschnitte mit anröstet.

TOMATENSUPPE

für 4 Personen

Zutaten

1200 g vollreife Strauchtomaten
2–3 Zwiebeln
2 EL Öl
1 l Gemüsebrühe oder Rinderbrühe
2 Knoblauchzehen
Salz, Pfeffer
nach Geschmack je 1 TL getrockneter Oregano und Basilikum
Sahne oder rotes Pesto für die Dekoration

Gut zu wissen!

Rotes Pesto ist ganz einfach selber herzustellen. Für ein Glas benötigt man 50 g getrocknete Tomaten, 10 EL Öl, 30 g Pinien- oder Sonnenblumenkerne, 20 g Hartkäse, 1 geschälte Knoblauchzehe, Salz und Pfeffer. Die getrockneten Tomaten in Stücke schneiden, in eine Schüssel geben und mit kochendem Wasser übergießen. Nach etwa fünf bis zehn Minuten die eingeweichten Tomatenstücke abgießen und trocken tupfen. Pinienkerne in der Pfanne leicht anrösten. Tomatenstücke zusammen mit Pinienkernen, Knoblauchzehe und Öl mit dem Pürierstab zerkleinern. Den Käse fein reiben und unterheben. Das Pesto mit Salz und Pfeffer abschmecken.

Zubereitung

Die Tomaten in heißes Wasser geben, abschrecken, enthäuten und würfeln. Zwiebeln und Knoblauch schälen und fein hacken. Das Öl erhitzen, die Zwiebeln und den Knoblauch darin anschwitzen. Die Tomaten zugeben und mit der Brühe auffüllen. Rund 20 Minuten köcheln lassen. Mit den Gewürzen abschmecken und mit Sahne oder rotem Pesto verfeinern.

Niederrheinische Fleisch- und Wurstspezialitäten

Auf den feuchten, weiten Flächen des Niederrheins hat Viehzucht eine lange Tradition. Rinder, Schweine, Schafe, Ziegen und allerlei Geflügel bereichern das Landschaftsbild der grünen Weiden. Um Genießern besondere Delikatessen bieten zu können, haben sich einige Bauern und Metzger heute auf die Zucht und Verarbeitung besonderer Rassen wie Rotes Höhenvieh, Angus- und Galloway-Rind oder Schwäbisch-Hällisches Landschwein spezialisiert.

Von Altbierwurst bis Wildschinken

Zu den ausgesuchten Spezialitäten aus heimischer Produktion zählen Altbierwurst, hausgemachter Panhas oder selbst geräucherter Wildschinken. Der Panhas, eine Grützwurst aus Schlachtabfällen, wurde früher neben einer Metzelsuppe (Wurstsuppe) am Ende des Schlachttags auf dem Bauernhof gereicht. Das einstige Reste-Essen ist heute eine selten gewordene, hoch geschätzte Delikatesse. In Scheiben, knusprig angebraten, reicht man Panhas nach wie vor gerne zu Schwarzbrot mit Butter und Apfel- oder Rübenkraut. Auch zu traditionellen Stampfkartoffelgerichten passt die grobe, mit Nelken und anderen Gewürzen fein abgeschmeckte Grützwurst, die man heute fertig im Glas kaufen kann.

Deftige Landwurstsorten nach Hausmacher Art

Wenn früher ein Schwein geschlachtet wurde, legte man die meisten Teile in ein Pökelfass ein, um sie zu konservieren. Schinken und Speckseiten befestigte man nach dem Pökeln an Fleischhaken und hängte sie zum Trocknen in der „Wieme" (Rauchfang des Kamins) auf. Aus den ungesalzenen Fleischteilen wurden Landwurstsorten wie Mettwurst, Leberwurst, Blut- und Zungenwurst oder Schwartenmagen gemacht.

Auch Schwarz- und Rotwild, Wildhasen, -kaninchen und -vögel sowie Fischarten bereichern den Speisezettel des Niederrheins. Allen voran sind hier Zander, Lachse und Forellen aus heimischen Gewässern zu nennen. Auch Aal und Miesmuscheln, die allerdings aus den benachbarten Niederlanden kommen, sind beliebt.
Über Initiativen wie „Gutes vom Niederrhein" oder „Feines vom Land" erfahren Genießer, wo es die regionalen Köstlichkeiten – so gut wie früher – zu kaufen gibt.

SCHWEINEBRATEN IN ALTBIERSAUCE

für 4 Personen

Zutaten

1 kg Schweinefleisch von Rücken, Schulter oder Rollbraten
2 Zwiebeln
1 Bund Suppengrün
Salz, Pfeffer, Rübenkraut
Schmalz
250 ml Wasser
250 ml Altbier
Speisestärke
Sahne

Gut zu wissen!

Altbier hat am Niederrhein eine lange Tradition. In der Brauerei Bolten in Korschenbroich wird das nach alter Art obergärig gebraute Bier bereits seit 1266 hergestellt. Sie gilt als älteste Altbierbrauerei der Welt. Darüber hinaus bieten neben der Brauerei Diebels in Issum auch viele kleine Hausbrauereien ein Altbier an. Besonders gerne verfeinert man Braten- und Gulaschgerichte aller Art mit der würzigen dunklen Biersorte. Rosinen und Speck runden die Biersauce häufig ab.

Zubereitung

Fleisch waschen, trocken tupfen und die Schwarte einschneiden. Mit Salz einreiben und in etwas Schmalz ringsum anbraten. Zwiebeln und Suppengemüse putzen, schälen, fein würfeln und zugeben. Mit Wasser angießen und den Braten mit Schwarte nach oben im geschlossenen Gefäß rund 90 Minuten schmoren lassen, dabei mit dem Altbier begießen. Das Fleisch entnehmen und warm stellen. Den Bratensud durchsieben und mit angerührtem Stärkemehl binden. Mit Pfeffer, Salz und Rübenkraut abschmecken und etwas Sahne unterziehen. Den Braten in Scheiben schneiden und in die Sauce legen.

TIPP

Dazu passen Salzkartoffeln und Weiß- oder Rotkohlgemüse sowie ein kühles Alt.

PFEFFERPOTTHAST

für 4 Personen

Zutaten

1 kg magerer Rinderkamm oder hohe Rippe
50 g Schmalz
1 kg Zwiebeln
1 TL Salz
½ TL grob gemahlener Pfeffer
½ TL Nelken
1 Lorbeerblatt
1 l Brühe oder gesalzenes Wasser
100 g Schwarzbrotbrösel
1 unbehandelte Zitrone oder etwas Essig

Zubereitung

Schmalz in einem Bräter erhitzen und grob gewürfeltes Rindfleisch zugeben und leicht anbraten lassen. Zwiebeln schälen, in Scheiben schneiden und zugeben. Salz, Pfeffer, Nelken und Lorbeerblatt mit der Brühe zugeben und alles im geschlossenen Topf gut anderthalb bis zwei Stunden bei mittlerer Hitze schmoren lassen. Sobald das Fleisch zart ist, die Schwarzbrotbrösel langsam einrühren und das Gulasch damit binden. Die Zitrone vierteln und mitziehen lassen oder einen Schuss Essig zugeben. Mit Salz und Pfeffer abschmecken.

Gut zu wissen!

Der Name des Schmorgulaschs setzt sich zusammen aus „Pott“ (ein Topf) und „Hast“ (ein Stück Rindfleisch). Klassischerweise serviert man es mit Salzkartoffeln und Salzgurken aus dem Glas.

TIPP

Der Potthast lässt sich auch mit Altbier abschmecken.

GÄNSEBRATEN

für 8 Personen

Zutaten

1 Gans (4–5 kg, küchenfertig)
500 g geviertelte Äpfel (ohne Kerngehäuse und Stil- und Blütenansatz)
500 g geviertelte Zwiebeln
2 Stängel Beifuß
Honig
Salz, Pfeffer
nach Geschmack auch einige Lorbeerblätter, Wacholder, Nelke und Zimt
Wasser oder Brühe und Rotwein
Nadel und Küchengarn zum Verschließen der Gans
Stärkemehl

Gut zu wissen!

Wer die Gans mit Flügeln und Innereien erworben hat, kann diese mit Wurzelgemüse gesondert anbraten und einen Saucenfond daraus bereiten.

Zubereitung

Die Gans waschen, den Flomen entfernen, abtrocknen und von innen salzen. Mit den Apfel- und Zwiebelstücken füllen, einen Stängel Beifuß und die anderen Gewürze nach Belieben mit in die Gans geben und diese mit Nadel und Küchengarn verschließen.

Die Gans mit der Brust nach unten in eine Fettpfanne auf die untere Einschubleiste des Backofens geben. Das Fleisch mit gesalzenem Wasser oder Brühe angießen, sodass es mehrere Zentimeter hoch mit Flüssigkeit bedeckt ist. Die Gans im vorgeheizten Ofen bei 180° C (Unter-Oberhitze) eine Stunde lang braten. Die Gans wenden und mit einem Holzstab an den Seiten und unterhalb der Keulen die Haut einstechen, sodass das Fett austreten kann. Den fettreichen Bratensud – falls erforderlich – abschöpfen und vorsichtig noch etwas Wasser zugeben. Den Braten in regelmäßigen Abständen mit dem Sud bestreichen und nach Bedarf Wasser oder Brühe angießen. Nach weiteren zwei Stunden Garzeit das Fleisch abermals bestreichen und gut 20 Minuten bei 200° C bräunen lassen. Die Gans die letzten drei bis fünf Minuten durch Einschalten der Oberhitze oder Grillfunktion knusprig braten und bis zum Servieren noch etwas in der Nachwärme ruhen lassen.

Den Bratensud abschöpfen, entfetten und mit Rotwein und Beifuß aufkochen lassen. Den Beifuß-Stängel entfernen und die Sauce mit Salz, Pfeffer und Honig abschmecken und mit etwas Stärkemehl binden. Die Gans tranchieren und mit der Sauce anrichten.

BAUERNSÜLZE

für 4 Personen

Zutaten

1 fein gewürfelte Zwiebel
1 zerdrückte Knoblauchzehe
1 Bund klein geschnittenes Suppengemüse
1 kg gepökelter roher Schinken
15 Blatt Gelatine
1 l Fleischbrühe
4 Lorbeerblätter
6 Wacholderbeeren
4 EL Weißweinessig
4 EL Zucker
nach Belieben 150 g gewürfelte Gewürzgurken
Salz, Pfeffer

Zubereitung

Das Fleisch mit dem klein geschnittenen Suppengemüse, den Gewürzen und der Fleischbrühe aufsetzen und bei kleiner Hitze etwa drei Stunden köcheln lassen. Das Fleisch abschöpfen und die Brühe durchsieben. Fleisch und Brühe am besten über Nacht kalt stellen.
Die Brühe entfetten und erwärmen. Mit Weinessig, Zucker, Salz und Pfeffer abschmecken. Die Gelatine nach Herstellerangabe auflösen und in die Sülzbrühe einrühren. Das Fleisch in feine Würfel schneiden und mit den Gewürzgurken in eine kalt ausgespülte Form geben. Mit der Sülzbrühe übergießen und mehrere Stunden im Kühlschrank stocken lassen.
Die Sülze kurz in warmes Wasser stellen, sodass sie sich aus der Form löst, stürzen und in Scheiben schneiden.

Gut zu wissen!

Als es noch vermehrt Hausschlachtungen gab, kamen auch gerne zerkleinerte Schweinefüße, Schweinskopffleisch samt Backen sowie Zunge mit in die hausgemachte Sülze. Die Zungenhaut zog man nach dem Brühen mit einem Messer ab. Gelatine wurde nicht benötigt, da die Schweinefüße sehr viel Gallerte enthalten.

TIPP

Mit Schwarzbrot und Butter oder knusprigen Bratkartoffeln und Remoulade servieren.

FORELLE IN KARTOFFELKRUSTE

für 4 Personen

Zutaten

8 geräucherte Forellenfilets
4 dicke Kartoffeln
Senf
Salz, Pfeffer
Öl zum Ausbacken

Gut zu wissen!

Der Niederrhein ist eine fruchtbare Kartoffelregion. Die feinkörnigen („schluffigen"), ton-, lehm- und lößhaltigen Böden bieten beste Voraussetzungen für den Kartoffel- und Gemüseanbau.

Zubereitung

Die Kartoffeln schälen und grob reiben. Auf einem Sieb abtropfen lassen und ausdrücken, sodass ein Großteil der Feuchtigkeit entweicht. Die Filets mit Senf bestreichen und mit der Kartoffelmasse panieren. In heißem Fett rund sechs Minuten von jeder Seite braten lassen, bis die Kartoffelkruste gar und goldbraun ist.

TIPP

Mit Brot oder Petersilienkartoffeln und einem gemischten Salat servieren.

MIESMUSCHELN RHEINISCHE ART

für 4 Personen

Zutaten

2 kg Miesmuscheln
2 Zwiebeln
1 Bund Suppengrün
1 kleiner Bund Petersilie
¼ l trockener Weißwein
¼ l Wasser
1 Lorbeerblatt
6 Wacholderbeeren
2 Gewürznelken
Salz, Pfeffer

Zubereitung

Die Muscheln kalt abbrausen und dabei mit einer Bürste säubern. Fehlerhafte Muscheln aussortieren. Die Zwiebeln schälen und in Ringe schneiden, das Suppengemüse putzen und würfeln. Mit dem Wein, dem Wasser, dem Gemüse und den Gewürzen einen Sud ansetzen. Diesen eine Viertelstunde kochen lassen und die Muscheln dann zugeben. Die Muscheln dann etwa fünf Minuten mitkochen und zwischenzeitlich umrühren, sodass alle Muscheln gleichmäßig garen.
Sobald sich die Muscheln öffnen, mit einer Kelle auf tiefe Teller geben und den Kochsud darüber verteilen.

SAUERBRATEN

für 4 Personen

Zutaten

1,2 kg Rindfleisch ohne Knochen aus der Keule, Schulter oder Hüfte

Für die Marinade zum Einlegen
750 ml Rotweinessig
750 ml Wasser
2 Zwiebeln, in Ringe geschnitten
6 Nelken
6 Lorbeerblätter
Salz

Für den Braten und die Sauce
2 EL Schmalz
2 Möhren
1 Lauchstange
100 g Lebkuchen oder Printen,
etwas Speisestärke
nach Belieben Rosinen und Rübenkraut
Salz, Pfeffer

Gut zu wissen!

Für den Sauerbraten nahm man früher auch gerne Pferdefleisch. Ebenso kennt man Schweinebraten nach diesem Rezept.

Zubereitung

Zwei bis drei Tage im Voraus die Zutaten für die Marinade aufkochen und abkühlen lassen. Das Fleisch waschen und mit dem Sud vollständig bedeckt in einem geschlossenen Behälter durchziehen lassen. Das Fleisch täglich wenden und vor der weiteren Zubereitung aus dem Sud herausnehmen und abtrocknen.
Fett in einem ausreichend großen Bräter erhitzen und das Fleisch von allen Seiten darin anbraten. Etwas von dem Essig-Sud mit den Zwiebeln sowie klein geschnittene Lauchstangen- und Möhrenstücke zugeben und das Bratenstück rund anderthalb Stunden schmoren lassen. Den Braten während der Garzeit mehrfach wenden und nach Bedarf noch etwas Sud zugeben. Das fertig geschmorte Fleisch aus dem Bratensaft herausnehmen, erkalten lassen und in Stücke schneiden. Den Bratenfond durchsieben und die Sauce mit dem Gebäck und etwas Speisestärke binden, mit Rosinen und Rübenkraut sowie Salz und Pfeffer abschmecken.
Das Bratenstück in Scheiben schneiden und in der Sauce erhitzen. Mit Rotkohl und Kartoffelklößen reichen.

HIMMEL UND ERDE MIT PANHAS

für 4 Personen

Zutaten

1 kg Kartoffeln (symbolisch für die „Erde")
1 kg säuerliche Äpfel (symbolisch für den „Himmel")
Salz, Pfeffer, Zucker
1 Stück Butter
¼ l Milch
2 Zwiebeln
nach Belieben ein Apfel in Scheiben und Panhas in Scheiben
Butter zum Braten

Gut zu wissen!

Über Blutwurst („Flönz") hinaus bereitete man früher auch gerne „Panhas", der aus Schlachtresten und Buchweizenmehl hergestellt wurde. Neben fettem Speck oder Schwarten gab man auch einfache Blut- und Leberwürste – die beim Brühen aufgeplatzt waren – mit in die Wurstmasse. Ebenso passen „Weißer Panhas", der aus gekochtem und gewolftem Schweinebauch zubereitet wird, oder gebratene Leber zu diesem Gericht.
Es gibt den Panhas bei ausgesuchten Metzgern saisonal frisch oder als Wurstkonserve im Glas zu kaufen.

Zubereitung

Kartoffeln schälen und in Salzwasser (1 Liter Wasser mit 1 TL Salz) gar kochen.
Äpfel schälen, entkernen und auf Viertel schneiden. In etwas Wasser gar dünsten. Mit Zucker abschmecken.
Die Kartoffeln abgießen und mit dem Kartoffelstampfer zerkleinern. Ein Stück Butter und lauwarme Milch nach und nach unterarbeiten. Mit Salz, Pfeffer und Muskat abschmecken. Das Apfelkompott unter das Kartoffelpüree heben und warm stellen.
In der Zwischenzeit Zwiebelringe und nach Belieben auch Apfelscheiben in etwas Butter goldbraun braten. Wer die Zwiebelringe sehr knusprig mag, kann sie vor dem Braten in etwas Mehl wenden. Die Zwiebelringe und Apfelscheiben ebenso warm stellen.
Die Panhas-Scheiben in etwas Mehl wenden und in Butterschmalz bei hoher Temperatur kurz knusprig braten. Zusammen mit „Himmel und Erde" servieren.

LAMMBRATEN

für 2 Personen

Zutaten

1 Lammschulter, -rücken oder -keule (ausgelöst)
2 Knoblauchzehen
4 Schalotten
3 Zweige Rosmarin oder
3 Lorbeerblätter
2 Wacholderbeeren
Fett zum Anbraten
Fleischfond oder Brühe
100 ml Rotwein
Salz, Pfeffer, Muskat
100 ml Sahne
Stärke zum Binden

Gut zu wissen!

Für ein schmackhaftes Bohnen- oder Möhrengemüse schneidet man das Gemüse auf 3 cm lange Stifte und lässt es in etwas Salzwasser garen. Danach lässt man Butter, Zwiebel- und Speckstücke in einem Topf aus und schwenkt das Gemüse darin.

TIPP

Auch Hirsch, Reh oder Wildschwein lässt sich nach diesem Rezept bereiten.

Zubereitung

Das Lammfleisch abwaschen, trocken tupfen, salzen, eventuell mit Garn binden und in einem ausreichend großen Bräter in heißem Fett ringsherum anbraten. Gewürfelte Schalotten und zerdrückte Knoblauchzehen kurz mit anschwitzen lassen. Mit etwas Fleischfond ablöschen, sodass die Keule zu einem Viertel mit Flüssigkeit bedeckt ist. Die Rosmarinzweige oder Lorbeerblätter zugeben und den Lammbraten (je nach Größe) anderthalb bis zwei Stunden bei mittlerer Hitze im geschlossenen Bräter schmoren lassen. Für die Sauce den Bratenfond nach der Garzeit durchsieben, mit Rotwein aufkochen und mit Salz, Pfeffer und Muskat abschmecken. Etwas Stärke mit kalten Wasser anrühren und die Sauce damit andicken. Mit Sahne verfeinern. Das Fleisch aufschneiden und zusammen mit der Sauce und Backkartoffeln servieren. Dazu passen Bohnen- oder Möhrengemüse.

GEFLÜGELRAGOUT

für 4 Personen

Zutaten

1 kg Fleisch (1 bis 2 Keulen und/ oder Brust) von Huhn oder Pute
1 Bund Suppengemüse
2 Zwiebeln
1,5 l Wasser
1 TL Salz
4 Lorbeerblätter
2 Wacholderbeeren, 4 Nelken
Für die Ragout-Sauce
60 g Butter
Speisestärke
250 ml Sahne
250 ml Weißwein
Salz, Pfeffer, Muskat
Petersilie oder Schnittlauch
vorgedünstete Erbsen, Möhrenstücke, Spargelabschnitte oder Champignonscheiben nach Geschmack

Zubereitung

Die Zwiebeln und das Suppengemüse schälen, putzen und in Würfel schneiden. Kurz anrösten und mit 1,5 Liter kaltem Wasser auffüllen. Salz, Gewürze und Geflügelteile zugeben. Das Ganze gut anderthalb Stunden bei mittlerer Hitze kochen lassen. Die Geflügelteile entnehmen, vom Knochen lösen und die Brühe durchsieben. 400 ml Brühe abmessen und daraus mit Butter und Mehl eine Mehlschwitze bereiten. Diese kurz aufkochen lassen, mit Wein und Sahne verfeinern. Das Gemüse und das in kleine Würfel geschnittene Geflügel zugeben. Gehackte Petersilie oder Schnittlauch überstreuen. Mit Salzkartoffeln oder Reis und grünem Salat servieren.

Gut zu wissen!

Aus der übrig gebliebenen Hühnerbrühe lässt sich mit etwas Suppengemüse und Nudeleinlage eine köstliche Vorsuppe herstellen. Die Brühe kann man auch einfrieren und zu einem anderen Zeitpunkt als Basis für schmackhafte Suppen und Eintöpfe verwenden.

TIPP

Auch mit Kalbfleisch schmeckt das Ragout.

SENFROSTBRATEN

für 4 Personen

Zutaten

4 Rindersteaks (aus dem Rücken geschnitten)
2 Zwiebeln
1 EL Mehl
4 EL scharfer Senf
4 EL Öl
100 ml süße Sahne

Gut zu wissen!

Für den Senfrostbraten eignet sich der scharfe Düsseldorfer Senf am besten. Der bräunliche Senf mit der malzigen Note wird aus brauner und gelber Senfsaat hergestellt. Der „Düsseldorfer Mostert" ist nicht nur wegen der braunen Senfsaat so scharf, sondern auch wegen seiner Rezeptur mit Branntweinessig.

TIPP

Dazu passen (Brat-) Kartoffeln und ein Salat oder Schmorgemüse. Das Rezept für das Schmorgemüse finden Sie im Kapitel „Feine Gemüsegerichte und -aufläufe".

Zubereitung

Die Zwiebeln schälen und fein hacken. Die Steaks klopfen, mit Salz und Pfeffer würzen. Die gehackten Zwiebeln mit dem Senf vermengen und die Steaks auf der Oberseite damit bestreichen und mit etwas Mehl abstäuben.

Die Steaks mit der bestrichenen Seite in eine Pfanne mit heißem Fett geben und kräftig anbraten. Anschließend wenden und – je nach Dicke – gute vier bis sechs Minuten weiterbraten lassen.

Das Fleisch aus der Pfanne herausnehmen und einen Essloffel Senf in den Bratsud geben. Mit Sahne ablöschen und die Sauce etwas einreduzieren lassen. Mit Salz und Pfeffer abschmecken und den Rostbraten mit der Sauce servieren.

WIRSINGROULADEN

für 4 Personen

Zutaten

1 kleiner Wirsing
400 g fein gewürzte Bratwurst oder Gehacktes vom Schwein
200 g altbackenes Weißbrot oder Brötchen
150 ml Milch
1 fein gehackte Knoblauchzehe
2 fein gehackte Zwiebeln
3 EL Öl
Salz, Pfeffer, Muskat
1 EL Speisestärke
Sahne und etwas Weißwein nach Geschmack
Küchengarn

Zubereitung

Das Brot in der warmen Milch einweichen. Wurstbrät aus der Pelle lösen und mit einer Zwiebel und der Knoblauchzehe vermengen. Das Brot ausdrücken und die Masse ebenfalls unter das Brät mischen. Mit Salz, Pfeffer und Muskat abschmecken und durchziehen lassen. In der Zwischenzeit den Kohl putzen und die äußeren Blätter vom Strunk befreien und waschen. Die Blätter in wenig Salzwasser kurz blanchieren, kalt abschrecken und trocken tupfen. Die Wirsingblätter mit jeweils einer Kugel Brät füllen, zu einer Roulade formen und mit Küchengarn zusammenbinden. Die Rouladen in etwas Öl von allen Seiten scharf anbraten, sodass Röstaromen entstehen. Die zweite Zwiebel zugeben und mitschmoren lassen. Mit etwas Wasser ablöschen. Aufgelöste Speisestärke zugeben und kurz aufkochen lassen. Mit etwas Sahne und einem Schuss Weißwein verfeinern. Mit Graupen oder Reis servieren.

Gut zu wissen!

Wirsing („Schaffu") ist auch eine beliebte Zutat für herzhafte Kuchen oder für „Ongernanger"-Gerichte.

TIPP

Den "Gevölte Schaffu" kann man auch im Ganzen zubereiten. Man trennt das Innere des Wirsings so heraus, dass nur die äußeren Blätter am Strunk stehen bleiben. Einen Teil der Wirsingblätter schneidet man klein und füllt sie mit 600 g Hack in den Kohl. Bei 160° C eine Stunde im Ofen garen und mit Biersauce servieren.

KANINCHEN

für 4 Personen

Zutaten

4 Kaninchenkeulen oder ein ganzes Kaninchen (küchenfertig ausgenommen)
1 Bund Suppengemüse
2 Zwiebeln
1 Rosmarinzweig
500 ml leicht gesalzenes Wasser
250 ml Rotwein oder Bier, ggf. etwas mehr
1 EL Butterschmalz
Salz, Pfeffer
Stärkemehl
Sahne

Gut zu wissen!

Neben Hühnern hielten viele Haushalte früher auch Kaninchen und ein Schwein, um ihren Fleischbedarf zu decken. Da vor allem Rindfleisch als kostbar galt, war es meist nicht für den Eigenbedarf vorgesehen, sondern wurde verkauft. Als Sonntagsbraten gab es daher häufig Schweine- oder Kaninchenbraten.

TIPP

Nach diesem Rezept lässt sich auch ein Wildbraten bereiten. Besonders gerne reicht man zum geschmorten Kaninchen Kartoffelstampf. Ein Rezept hierfür finden Sie im folgenden Kapitel über Gemüsegerichte.

Zubereitung

Suppengemüse putzen, waschen und würfeln. Zwiebel schälen und ebenso würfeln. In einem Bräter das Gemüse in Butterschmalz anschwitzen und die gewürzten Kaninchenkeulen oder Braten dazugeben. Alles leicht anrösten und dann mit Wasser und Rotwein oder Bier ablöschen. Rosmarinzweig zugeben und die Keulen im geschlossenen Bräter eine gute halbe Stunde schmoren lassen. Nach Bedarf noch etwas Flüssigkeit zugießen. Nach der Garzeit das Fleisch aus dem Bratsud nehmen und warm stellen. Den Sud durchsieben und mit etwas kalt angerührter Stärke binden. Mit Salz und Pfeffer, nach Belieben auch mit etwas Sahne abschmecken. Die Keulen im Ganzen in die Sauce legen, den Braten in Scheiben servieren.

Wie der Spargel an den Niederrhein kam

Besonders eine Delikatesse vom Niederrhein thront bis Johannistag hoch oben auf den Tellern: Der „Walbecker Spargel" ist seit den 1920er-Jahren im Dorf Walbeck und seiner Umgebung nicht nur ein Anbauprodukt, sondern schon beinahe ein Mythos. Dieser geht zurück auf das Jahr 1921, als Dr. Walther Klein-Walbeck mit seiner Familie auf den Rittersitz Schloss Walbeck zog. Während seiner Zeit im Generalstab des Kronprinzen im Ersten Weltkrieg hatte der Jurist und Major die belgischen Spargelgebiete kennengelernt und fand nun die gleichen Bodenverhältnisse auf den Äckern rund um sein Schloss vor. Klein-Walbeck begann 1923 mit dem Spargelanbau und stieß bei den umliegenden Landwirten zunächst auf Unverständnis. Das Edelgemüse brachte jedoch mehr Geld ein als Roggen und Kartoffeln auf der gleichen Betriebsfläche und so begannen einige schon bald dem „studierde Buur" nachzueifern.

Walbecker Spargel: Weißes Gold vom Niederrhein

Seit 1929 organisieren die Erzeuger den Anbau und die Vermarktung ihrer Spezialität genossenschaftlich und bearbeiten zusammen ein Anbaugebiet von rund 200 Hektar. Neben den sandigen Böden sorgen milde Temperaturen und satte Niederschläge im Frühjahr dafür, dass der Spargel ausreichend Energie bekommt und schneller wächst als anderswo. Das Aroma des Walbecker Spargels, so sagen Kenner, sei besonders nussig und süß, seine Struktur sehr fein. Seit August 2013 trägt der Walbecker Spargel darüber hinaus das EU-Gütesiegel für „geschützte geografische Angabe" (g.g.A.). Etwa 20 verschiedene Sorten werden als markengeschützter „Walbecker Spargel" auf dem festgelegten Spargelanbaugebiet kultiviert.

Spargel-Begeisterung und Brauchtum

Beim Spargelumzug am ersten Sonntag im Mai wird in jedem Jahr die Spargelprinzessin von dem sogenannten Spargelgrenadier vorgestellt. Auf einer rund 14 Kilometer langen Spargelroute rund um die Walbecker Spargelhöfe und -gaststätten sowie das Schloss Walbeck, der Wiege des Spargels, können Genießer Spargel-Geschichte und -Genuss erkunden. Denn neben 25 Spargelerzeugern sind auch drei Gastronomie-Betriebe in der „Spargelbaugenossenschaft Walbeck und Umgegend eG" organisiert. Welche Gemüsesorten und -gerichte über den Spargel hinaus am Niederrhein Tradition haben, erfahren Sie im folgenden Kapitel.

SPARGEL MIT GEKOCHTEM SCHINKEN

für 4 Personen

Zutaten

2 kg Spargel
400 g Kochschinken auf Scheiben
1 kg Kartoffeln
Saft einer Zitrone

Für die Sauce Hollandaise
4 Eigelb
ein Schuss trockener Weißwein
125 g Butter
Salz, Pfeffer, Zucker
etwas Zitronensaft
frische Petersilie oder Schnittlauch

Gut zu wissen!

Der Niederrhein zählt zu den bekannten Spargelanbauregionen in Nordrhein-Westfalen. Entlang der „Spargelstraße NRW“ können Genießer Höfe und Gastronomie-Betriebe, die sich dem weißen Gold verschrieben haben, entdecken.

TIPP

Außerhalb der Spargelsaison schmeckt das Rezept auch mit Schwarzwurzeln oder Blumenkohl.

Zubereitung

Die Kartoffeln als Pell- oder Salzkartoffeln aufsetzen und gar kochen lassen.
Den Spargel schälen und in leicht gesalzenem Zitronenwasser – je nach Dicke etwa 10–15 Minuten – garen. In der Zwischenzeit die Sauce Hollandaise bereiten.
Eigelb, Wein, Salz und Zucker in einer Metallschüssel mit einem Schneebesen verrühren. Die Schüssel in ein heißes Wasserbad stellen und die Masse mit dem Schneebesen so lange gleichmäßig schlagen, bis die Soße cremig wird. Butter in einem zweiten kleinen Topf schmelzen lassen und mit einem Schneebesen langsam unter die Eigelbmasse schlagen. Die Sauce Hollandaise mit Salz, Zitronensaft und Pfeffer abschmecken und zügig servieren.
Die Kräuter waschen, trocken tupfen und hacken. Den gegarten Spargel abtropfen lassen und auf einer Platte mit dem Schinken als Röllchen anrichten. Mit etwas Sauce übergießen und Kräuter aufstreuen. Die restliche Sauce in eine Sauciere geben und zusammen mit den Kartoffeln zum Spargel mit Schinken reichen.

GRÜNSPARGEL-KÄSE-GRATIN

für 4 Personen

Zutaten

2 kg grünen Spargel
400 ml Sahne
300 g geriebener Käse
1 Stich Butter
3–4 EL Mehl
Zitronensaft
Salz, Pfeffer, Muskat

Gut zu wissen!

Grüner Spargel muss nicht geschält werden. Für das Rezept können Sie auch weißen Spargel oder Halb-und-Halb nehmen.

Zubereitung

Den Spargel waschen und putzen. In Salzwasser mit einem Spritzer Zitronensaft blanchieren und abtropfen lassen. Das Kochwasser dabei auffangen. Aus Butter, Mehl und 200 ml Spargelwasser eine Mehlschwitze bereiten. Diese mit Sahne verfeinern und die Hälfte des Käses unterrühren. Mit Salz, Pfeffer und Muskat abschmecken. Den Spargel in eine Auflaufform legen und mit der Käse-Sahnesauce übergießen. Den restlichen Käse aufstreuen und bei 180° C gut 15 Minuten überbacken.

TIPP

Salzkartoffeln, ein Eierkuchen oder Brot passen dazu.

BUNTES SCHMORGEMÜSE

für 4 Personen

Zutaten

1 Kohlrabi
1 rote Paprika
1 Zucchini
3–4 Möhren
2–3 Zwiebeln
einige Cocktailtomaten
Kräutersalz, Pfeffer
2–3 EL Rapsöl
1 Zweig Rosmarin
frisch gehackte Kräuter

Gut zu wissen!

Auf diese Art lässt sich auch ein Obstkompott bereiten. Frische Aprikosen, Pfirsiche, Pflaumen, Äpfel und Birnen auf Viertel schneiden, mit etwas Zimtzucker und Wasser oder Wein in eine Auflaufform geben und garen. Das Ofen-Kompott schmeckt zu süßen Grieß- und Reisspeisen, aber auch zu Fleischgerichten.

TIPP

Zu frischem Brot, Eierkuchen oder Ofenkartoffeln mit Quark als Hauptgericht oder zu Fleischgerichten als Beilage reichen.

Zubereitung

Die Gemüse waschen, putzen, in Stifte schneiden und in eine Auflaufform geben. Die Cocktailtomaten und den Rosmarin im Ganzen dazugeben. Mit Kräutersalz und Pfeffer würzen und das Rapsöl darübergeben. Alles gut durchmischen und bei 180° C im Backofen gut 30–40 Minuten garen. Mit frisch gehackten Kräutern bestreuen.

KOHLGEMÜSE

für 4 Personen

Zutaten

1 Wirsing, Spitz- oder Weißkohl
1 Stich Butter
1 fein gehackte Zwiebel
80 g Schinkenspeck
2–3 EL Mehl
100 ml Sahne
Salz, Pfeffer, Muskat
frisch gehackte Kräuter

Gut zu wissen!

„Gestovter Kohl“ (in einer Mehlschwitze oder Milchsauce zubereitetes Gemüse) war früher eine beliebte Beilage zu Kartoffeln mit Eierkuchen und zu Fleischgerichten.

Zubereitung

Den Kohlkopf halbieren und vierteln, die äußeren Blätter und den Strunk entfernen. Die Kohlviertel in grobe Scheiben schneiden, harte Rippen dabei entfernen. Die Kohlblätter in reichlich Salzwasser geben und gut 15 Minuten kochen lassen. Dann den Kohl abschütten und dabei das Kochwasser auffangen. Den noch warmen Kohl etwas ausdrücken und mit einem großen Gemüsemesser auf einem Brett mittelfein hacken. Butter, Schinkenspeck und Zwiebelwürfel glasig dünsten und aus dem Mehl und 200 ml des Kochwassers eine Mehlschwitze rühren. Die Sahne unterziehen und mit den Gewürzen abschmecken. Den gehackten Kohl in die Sauce geben und bis zum Servieren warm stellen. Frisch gehackte Kräuter aufstreuen.

KARTOFFELAUFLAUF

für eine Auflaufform

Zutaten

1 kg festkochende Kartoffeln (z.B. Sorte Cilena)
250 ml Milch
250 ml Sahne
1 gepresste Knoblauchzehe
1 halbierte Knoblauchzehe
Öl
Salz, Pfeffer, Muskat
2 TL Butterflöckchen

Zubereitung

Die Kartoffeln schälen und auf einer Reibe auf hauchdünne Scheiben hobeln. Die Scheiben in eine gefettete und mit einer Knoblauchzehe ausgeriebene Auflaufform übereinanderschichten und fest andrücken. Milch, Sahne, Knoblauchzehe in ein Gefäß geben und verrühren. Mit Salz, Pfeffer und Muskat abschmecken. Die Masse über die Kartoffeln geben und Butterflöckchen aufsetzen. Bei 180° C Umluft zirka 30–40 Minuten goldbraun backen.

Gut zu wissen!

Auch von gekochten Kartoffelresten lässt sich ein wunderbares Gratin herstellen. In früheren Zeiten servierte man gerne „Stoofeärpel“ – klein geschnittene (Pell-)Kartoffeln in einer Schmand-Sauce.

TIPP

Wer mag, kann auch noch geriebenen Käse oder Speckstückchen mit in die Sauce geben.

SAUERKRAUTAUFLAUF
MIT HACKFLEISCH

für eine Auflaufform

Zutaten

600 g Sauerkraut
500 g gemischtes Hackfleisch
500 g gekochte und gepellte Kartoffeln
500 g Zwiebeln
1 Stange Lauch
50 g eingelegte Paprika
250 g geriebener Käse
125 ml trockener Weißwein
1 Becher Schmand
1 Stich Butter
2 EL Zucker
5 Lorbeerblätter
Salz, Pfeffer, Paprikapulver
Öl

Gut zu wissen!

Kohlgemüse sind im Winter wichtige Vitamin-C-Lieferanten. Das haltbare Sauerkraut war daher vor allem in früheren Zeiten ohne Tiefkühltruhe ein bedeutsames Lebensmittel.

Zubereitung

Die Zwiebel fein hacken und in einer großen Pfanne glasig dünsten. Das Sauerkraut mit dem Weißwein, dem Zucker, den Lorbeerblättern und der Butter zugeben und mitdünsten lassen. Die übrigen Zwiebeln würfeln und in einer zweiten Pfanne mit Öl anbraten. Das Hackfleisch zugeben und mit Salz, Pfeffer und Paprikapulver abschmecken und garen. Das Sauerkraut in eine gefettete Auflaufform geben. Das Hackfleisch darüber schichten. Die gekochten Kartoffeln in Scheiben schneiden und obenauf legen. Paprika und den Lauch in Streifen darüber verteilen. Schmand und Käse als letzte Schicht auf den Auflauf geben. Im vorgeheizten Backofen bei 180° C Unter-Oberhitze eine gute halbe Stunde überbacken.

TIPP

Wer einmal eigenes Sauerkraut für den Wintervorrat einmachen möchte, erfährt auf S. 74 wie es geht.

STAMPES
(KARTOFFELSTAMPF)

für 4 Personen

Zutaten

800 g vorwiegend festkochende Kartoffeln (z.B. Valisa oder Laura)
250 ml Milch
2 EL Butter
Salz, Pfeffer, Muskatnuss

Zubereitung

Kartoffeln schälen und sehr gar kochen lassen. Milch erwärmen. Die Kartoffeln mit dem Kartoffelstampfer grob zerdrücken, dabei die Butter einarbeiten. Die Sahne nach und nach zugeben.

TIPP

Reste können am nächsten Tag im Ofen mit etwas Käse überbacken werden. Beliebt sind auch kleine Kartoffelplätzchen, die man mit Brotbröseln ummantelt und etwas Fett in der Pfanne ausbäckt.

GRÜNKOHLEINTOPF

für 4 Personen

Zutaten

1 kg Grünkohlblätter (ohne Stängel)
500 g geräucherter Bauchspeck am Stück oder in Scheiben oder ein durchwachsenes Rückenstück vom Schwein
150 g geräucherte Speckwürfel
2 Zwiebeln
750 g festkochende Kartoffeln
Salz, Pfeffer, Muskat
Senf
nach Bedarf etwas Stärkemehl zum Binden
Sahne

Zubereitung

Die Kohlblätter in einem Topf mit etwas Salzwasser ankochen, bis sie zusammenfallen. Auf einem Sieb abtropfen lassen. Die Kohlblätter klein hacken und beiseitestellen.
Das Fleisch in einen Topf geben, mit Wasser bedecken und mit dem Grünkohl, den klein gehackten Zwiebeln und den Schinkenspeckwürfeln eine gute Stunde kochen lassen. Nach zwanzig Minuten Kochzeit die geschälten und geviertelten Kartoffeln zugeben und den Eintopf mit Salz, Pfeffer, Muskat und Senf wurzen. Nach Bedarf mit etwas Stärkemehl binden und nach Geschmack mit der Sahne verfeinern.

TIPP

Wer mag, gibt kurz vor Garzeitende noch Mettenden zum Eintopf und lässt diese mit ziehen. Auch gebratene Spiegeleier schmecken lecker zum Eintopf.

SAUERKRAUT SELBER EINSTAMPFEN

für einen 5-Liter-Gärtopf

Zutaten

3 Kilogramm Weiß- oder Spitzkohl
90 g Salz
Gewürze (z.B. Lorbeerblätter, Pfeffer, Kümmel oder Wacholderbeeren) nach Geschmack

Zubereitung

Außenblätter des Kohls entfernen, Kohlköpfe vierteln und Strünke rausschneiden. Kohlviertel auf einem „Kappesbrett" (auch „Kappesschaaf" genannt) in feine Streifen raspeln.

Eine Schicht geraspelten Kappes in einen Steintopf (Gärtopf) füllen und mit einem Holz-Stampfer oder mit der eigenen Faust solange bearbeiten, bis der Krautsaft aus den Kappesstreifen austritt. Eine neue Lage Kappes einfüllen und wieder so verfahren. Zwischendurch etwas Salz und Gewürze zugeben.

Wenn der Topf dreiviertel voll ist und sich eine leicht schäumende Saftschicht gebildet hat, deckt man die Oberfläche mit einer Lage ganzer Krautblätter ab. Zu guter Letzt legt man die Beschwerungssteine (Zubehör beim Gärtopf) obenauf. Diese drückt man kräftig runter, damit eine mehrere Zentimeter hohe Schicht aus Kappessaft das Gärgut bedeckt. Dann den Topf mit dem Deckel verschließen. Die Überlaufrinne des Topfes füllt man mit Wasser, sodass der Behälter luftdicht verschlossen und das Gärgut geschützt ist.

Gut zu wissen!

Den Topf kann man – um die Milchsäuregärung schneller in Gang zu bringen – bis zu einer Woche im Warmen lagern. Danach kommt er in den kühlen Keller, wo der Kohl 6–8 Wochen bei völliger Ruhe vor sich hingärt. Der Topf darf in dieser Zeit nicht geöffnet werden! Nach portionsweiser Entnahme des fertigen Sauerkrauts muss der Topf wieder wie oben beschrieben verschlossen werden.

TIPP

Gärtöpfe aus Stein und Krauthobel lassen sich im Land-Fachhandel oder via Internet bestellen.

TOMATEN-KARTOFFEL-TOPF
MIT WEISSEN BOHNEN

für 4 Personen

Zutaten

600 g Kartoffeln
4 Fleischtomaten oder
600 g Dosenware
1 rote Paprika
400 g weiße Bohnen aus dem Glas
2 Zwiebeln
60 g Tomatenmark
Salz, Pfeffer, Rosenpaprika, Zucker
Öl
Schnittlauch

Zubereitung

Die Kartoffeln und Zwiebeln schälen und würfeln. Die Paprika und die Tomaten waschen, putzen und ebenfalls würfeln. Die Zwiebeln mit der Paprika in wenig Öl andünsten und dann die Kartoffeln mit 400 ml gesalzenem Wasser zugeben. Nach 15 Minuten Kochzeit die Tomaten und das Tomatenmark zugeben. Den Eintopf weitere 15 Minuten köcheln lassen. Dann die Bohnen aus dem Glas samt Flüssigkeit zugeben und kurz mitkochen lassen. Mit den Gewürzen abschmecken und mit Schnittlauchröllchen bestreuen.

Gut zu wissen!

Der Tomaten-Kartoffel-Topf eignet sich als Partygericht, denn er lässt sich gut vorbereiten und passt auch als Beilage zu Grill-Fleisch und Würstchen.

TIPP

Wer es besonders scharf liebt, gibt noch eine rote Chili-Schote zum Eintopf.

DECKE BONNE
(DICKE BOHNEN)

für 4 Personen

Zutaten

250 g durchwachsener Speck
1 kg dicke Bohnen (frisch oder eingeweckt)
600 g Kartoffeln
1 EL Mehl
2 EL Butter
Salz, Bohnenkraut
1 l Wasser
nach Belieben etwas Sahne

Zubereitung

Den Speck in einem Topf auslassen und mit Wasser angießen. Kartoffeln und Zwiebeln schälen und würfeln. Fein geschnittene Kartoffel- und Zwiebelwürfel sowie frische Bohnen (eingeweckte Bohnen kurz vor Garzeitende) zugeben. Den Eintopf garen lassen. Aus Butter, Mehl und einem Teil des Kochwassers eine Mehlschwitze bereiten. Den Eintopf damit andicken. Das Gericht mit Salz, gehackter Petersilie und Bohnenkraut abschmecken. Nach Belieben auch etwas Sahne zugeben.

Gut zu wissen!

Die dicken Bohnen isst man auch gerne als Gemüsebeilage zu Stampfkartoffeln und Bratwurst oder Kasseler-Rippe.

TIPP

Wer eingeweckte statt frischer Bohnen nimmt, gibt diese erst mit der Mehlschwitze dazu.

STIELMUS

für 4 Personen

Zutaten

500 g Rübstiel
500 g Kartoffeln
100 g durchwachsener Speck
1 Zwiebel
2 EL Mehl
1 Stich Butter
Salz, Pfeffer
4 frische Bratwürste

Gut zu wissen!

Als Rübstiel oder Stiel- oder Stängelmus bezeichnet man die jungen Blätter von Speiserüben (Mai-, Herbst- oder Weiße Rüben). Die zarten Blätter, die feinsäuerlich, ähnlich wie Sauerampfer schmecken, lassen sich in der Küche genauso wie Spinat und Mangold verarbeiten. Auch im Herbst bekommt man frischen Rübstiel von der Herbstrübe.

Zubereitung

Rübstiel waschen und putzen. Die Stiele in zirka ein Zentimeter lange Stücke schneiden. Das Gemüse dann in etwas Salzwasser kurz aufkochen lassen und abseihen. Dabei das Kochwasser auffangen. Die Kartoffeln schälen und als Salzkartoffeln kochen. Speck und Zwiebel in feine Würfel schneiden und in einer Pfanne auslassen. Zum Rübstiel dazugeben. Dann mit Butter, Mehl und Kochwasser vom Gemüse eine Mehlschwitze bereiten. Das Gemüse mit Speck und Zwiebeln dazugeben. Mit Salz und Pfeffer abschmecken und die gekochten Kartoffeln gestampft unterheben. Mit gebratener Wurst servieren.

TIPP

Nach Geschmack noch etwas Butter oder Sahne zufügen.

FRUCHTIGES VOM HOF – OBST ALS DESSERT

Ein Lob auf Äppel, Prumme und Erbele

Neben der Erzeugung von Obst und Gemüse spielen auch der Ackerbau und die Milchwirtschaft seit vielen Generationen eine bedeutende Rolle am Niederrhein. Im Bereich der Obstverarbeitung haben sich Familienunternehmen, die Rüben-, Apfel- und Birnenkraut oder Säfte herstellen, bis heute einen Namen gemacht. Besonders bekannt als „Apfelstadt des Niederrheins" ist Tönnisvorst im Südwesten des Niederrheins. Rund 400 000 Apfelbäume erstrahlen dort im Frühjahr in einem weiß-rosa Blütenkleid. Die Stadt lockt im Frühling mit einer Apfelblütenwoche mit Apfelkönigin, Schlemmertouren und hausgemachten Spezialitäten rund um den Apfel.

Obstkuchen von Äpfeln und Pflaumen

Und was wäre der Niederrhein ohne seine Obstkuchen? Neben der Appel- ist auch die Prummetaat das wohl bekannteste Backwerk heimischer Bäckerskunst. In früheren Zeiten war man mit Streuobst rund um Haus und Hof reich gesegnet und backte in der Apfel- und Pflaumensaison wöchentlich Blech- und Pfannkuchen. Um die Früchte für den kommenden Winter haltbar zu machen, kochte man sie mit Zuckerlösung als Kompott ein oder bereitete Prumme-Mus und Appel-Krutt. Den Obstbrei kochte man so lange auf dem Herd in Kupferkesseln, bis nahezu alle Flüssigkeit verdampft war und die dicklich-zähe Masse durch den Eigenzucker haltbar war. In großen Tontöpfen bewahrte man die hausgemachten Schätze im Keller auf. Birnen wurden auch gerne als Schnitze auf großen Gestellen getrocknet und dienten im Winter zum Verfeinern von Milch- und Bohnensuppen.

Kaltschalen, Grützen und Schichtspeisen

Fragt man die Niederrheiner heute nach ihrem Lieblingsobst, so sind es neben Äpfeln allen voran die Erbele (Erdbeeren). Traditionsverbunden reicht man sie gerne als Frischobst mit Grießbrei oder Milchreis. Neben Erdbeeren und Himbeeren zählen auch Rhabarber, (Süß-)Kirschen, Johannis-, Stachel- und Heidelbeeren sowie Aprikosen zum beliebten Gartenobst. Als Kaltschalen und Grützen, Schichtdesserts mit Quark, Sahne und Baiser oder auch als Parfait genießt man die Früchte in der Saison. Bekannte Nachtische mit langer Geschichte sind darüber hinaus Brotpudding, Reistorte oder Altbiersuppe. Sie stammen noch aus der Zeit, als man Reste wie altbackenes Brot, übrig gebliebenen Reisbrei oder schal gewordenes Bier geschickt zu verwerten wusste. Durch ihren unvergleichlichen Geschmack stellen sie heute ausgesprochene Delikatessen dar – die man nur noch selten findet!

ÄPPEL ON BRUED
(ÄPFEL UND BROT)

für 4 Personen

Zutaten

125 g Schwarz- oder Vollkornbrot
400 g Apfelkompott
50 g gehobelte Mandeln
1 EL Rum
250 g Sahne
Zucker und Vanillezucker nach Belieben

Zubereitung

Das Brot zerkrümeln und mit Mandelblättchen in einer Pfanne trocken anrösten. Mit Rum beträufeln und beiseitestellen. Die Sahne mit etwas Zucker steif schlagen. Das Apfelkompott mit Vanillezucker abschmecken. Die Hälfte der Brotkrümel als erste Schicht in Dessertgläser füllen, dann Apfelmus und Sahne und abermals eine Schicht Brotbrösel, Apfelmus und Sahne obenauf geben. Zum Schluss mit gerösteten Mandelblättchen dekorieren.

Gut zu wissen!

Schmackhaftes Apfelkompott für die „Brot-Äpfel" ist im Handumdrehen selbst gemacht. 1 kg säuerliche Streuobstäpfel schälen, entkernen und in Viertel schneiden. In etwas Wasser musig kochen lassen, dabei gelegentlich umrühren. Mit Zucker abschmecken.

TIPP

Das Schichtdessert schmeckt auch mit Obstkompott von Aprikosen oder Kirschen.

GRIESSFLAMMERI MIT ERDBEEREN

für 4–6 Personen

Zutaten

1 l Milch
4 EL Zucker
Mark einer Vanilleschote
125 g Grieß
nach Geschmack 1 Eigelb
1 Eiweiß
1 Prise Salz
abgeriebene Zitronenschale
250 g frische, gezuckerte Erdbeeren
etwas Butter und einige Mandelblättchen

Gut zu wissen!

Wenn Sie den Grießbrei in eine Kastenform füllen, kalt in Scheiben schneiden, können Sie im Handumdrehen Grießschnitten in der Pfanne ausbacken. Dazu schmeckt auch warmes Obstkompott oder Grütze.

TIPP

Das Rezept für Rote Grütze finden Sie beim Kaiserpudding.

Zubereitung

Die Milch mit dem Salz zum Kochen bringen. Zucker und Vanillemark zugeben. Grieß einrieseln lassen und unter Rühren kurz aufkochen lassen. Nach Gusto das verschlagene Eigelb unterrühren und das steif geschlagene Eiweiß unterheben. In eine kalt ausgespülte Form füllen.
Kurz vor dem Servieren mit zwei in Wasser getauchten Löffeln kleine Klößchen abstechen. Nach Belieben die Klößchen in einer Pfanne mit etwas Butter und Mandeln rösten und mit den gezuckerten Erdbeeren servieren.

REISTORTE

für eine Springform à 28 cm Durchmesser

Zutaten

Für den Boden
175 g Mehl
60 g flüssige Butter
20 g Hefe
65 g Zucker
100 ml warme Milch
1 Prise Salz
Mehl für die Arbeitsfläche

Für die Füllung
rund 500 ml Milchreis vom Vortag, ausreichend süß (500 g Milch mit 125 g Milchreis und Zucker kochen)
1 Päckchen Vanillezucker
1 Ei
2 Eiweiß
2 EL Zucker
1 Prise Salz

Zubereitung

Aus den Zutaten für den Boden einen Hefeteig bereiten und ruhen lassen.
In der Zwischenzeit die Zutaten für die Füllung miteinander verrühren und das mit Zucker und einer Prise Salz geschlagene Eiweiß vorsichtig unterheben.
Die Backform einfetten, den Hefeteig noch einmal durchkneten und ausrollen. In die gefettete Springform legen und am Rand hochdrücken. Den Teig bei 180° C rund 20 Minuten vorbacken.
Die Füllung hineingeben und abermals 20–30 Minuten backen lassen, bis die Oberfläche gebräunt ist.

Gut zu wissen!

Im angrenzenden Aachener Raum, in Belgien und Holland kennt man die Tarte in unterschiedlichen Größen als „Reisfladen".
Auch ohne Boden als Auflauf ist die Torte beliebt. Einfach die Reismasse in eine gefettete Form geben und wie oben beschrieben backen.

TIPP

Sie können die Tarte nach Belieben mit etwas (Hagel-)Zucker dekorieren oder mit Obstkompott servieren.

TUTTI FRUTTI
(VANILLE-SCHICHTDESSERT)

für 4 Personen

Zutaten

250 ml Milch
Mark einer Vanilleschote
2 Eigelb
75 g Zucker
250 ml Sahne
1 Päckchen gemahlene Gelatine
gemischte frische oder eingemachte Früchte („Tutti frutti“) oder Kompott
zerbröselte Gebäckreste oder Zwieback

Zubereitung

Die Milch mit dem Vanillemark zum Kochen bringen, kurz aufkochen. Dann durchziehen und etwas abkühlen lassen. Die Eigelbe mit dem Zucker verrühren und die noch warme Milch darunterschlagen. Die nach Packungsanleitung aufgelöste Gelatine zugeben. Die Schüssel mit der Masse in ein eiskaltes Wasserbad stellen und solange verschlagen, bis die Creme zu gelieren beginnt. Die steif geschlagene Sahne unterheben und die fertige Creme abwechselnd mit Früchten und gebröselten Keksen in Gläser füllen und kalt stellen.

Gut zu wissen!

Klassische Obstsorten für „Tutti frutti“ sind eingemachte Süßkirschen, Aprikosen oder Pfirsiche, Ananas, Trauben und Birnen.

TIPP

„Tutti frutti“ stellt eine gute Gelegenheit dar, Gebäckreste von Weihnachten zu verwerten. Besonders fein wird es, wenn man das zerbröselte Gebäck mit etwas Rum beträufelt.

RHABARBERKOMPOTT

für 4 Personen

Zutaten

1 Tasse trockener Weißwein oder Apfelsaft
4 EL Zucker
4 Rhabarberstangen
nach Geschmack etwas Zwiebackbrösel zum Andicken
Abrieb von einer Bio-Zitrone
½ Zimtstange
Zucker nach Geschmack

Zubereitung

Weißwein oder Apfelsaft mit Zucker kurz aufkochen lassen. Rhabarber (Haut abziehen und auf 1 cm breite Stücke schneiden), Zitrone und Zimt zugeben. Solange einkochen lassen, bis ein stückig-sämiges Kompott entstanden ist. Nach Belieben mit Zwiebackbröseln andicken und mit Zucker abschmecken.

Gut zu wissen!

Wenn Sie das Kompott durch die flotte Lotte passieren, erhalten Sie einen köstlichen Sirup. Dieser kann nochmal mit etwas Zucker, Wasser und Zitronensaft aufgekocht werden. Verdünnt mit Mineralwasser kann man ihn als köstliche Schorle trinken!

TIPP

Das Rhabarberkompott passt zu Pfannkuchen und zu Grießbrei.

KAISERPUDDING MIT ROTER GRÜTZE
(BROTPUDDING)

für eine Puddingform

Zutaten

Für den Pudding

350 g altbackene(s) Weißbrot oder Brötchen
100 g geriebene Mandeln
200 ml lauwarme Milch
125 g flüssige Butter
2 EL Zucker
1 Vanillezucker
3 EL Rum
1 Prise Salz,
Abrieb von einer Bio-Zitrone
4 Eier
3 EL Rosinen
Fett und Weißbrotbrösel für die Puddingform

Für die Rote Grütze

500 ml Wasser
600 g rote Johannisbeeren, wahlweise auch ein Teil Erdbeeren, Kirschen und rote Stachelbeeren
Zucker nach Geschmack
1 Päckchen Vanillezucker oder das Mark einer Vanillestange
2 EL Stärke
Gin oder Aufgesetzter

TIPP

Nach diesem Rezept lässt sich mit 500 g Holunderbeeren und 200 g Apfel auch eine Holundersuppe zubereiten.

Zubereitung

Weißbrot in lauwarmer Milch durchziehen lassen. Zucker, Vanillezucker, Rum, Salz, geriebene Mandeln, Butter und Zitronenabrieb zugeben und durchkneten. Die Eier (davon 2 Eier trennen und das Eiweiß steif schlagen) und die Rosinen unter die Masse ziehen. Eine Puddingform einfetten und mit Weißbrotbröseln auskleiden. Masse einfüllen und Form verschließen – im Wasserbad eine Stunde garen lassen. In der Zwischenzeit die Grütze bereiten.
Die gewaschenen und entstielten Früchte (Erdbeeren halbieren oder vierteln) mit der Flüssigkeit, dem Zucker und dem Vanillemark zum Kochen bringen. Stärke in etwas kaltem Wasser aufrühren und zur kochenden Masse geben. Die Masse unter ständigem Rühren kurz aufkochen lassen und von der Herdplatte nehmen. Die abgekühlte Grütze mit Zucker und einem Schuss Alkohol abschmecken.

SCHOKOLADENSUPPE

für 4 Personen

Zutaten

1 l Milch
60 g Zucker
1 Prise Salz
nach Geschmack 1 Zimt- oder Vanillestange
1 EL echter Kakao
20 g Speisestärke

Zubereitung

Den Kakao und die Speisestärke mit etwas Wasser anrühren. Die Milch mit dem Zucker, der Zimtstange oder der aufgeschlitzten Vanillestange und dem Salz zum Kochen bringen. Den Kakao mit der Speisestärke einrühren. Die Suppe anziehen lassen und warm servieren.

Gut zu wissen!

Früher bereitete man gerne Schneeklößchen zu, die man auf der warmen Puddingsuppe in der Nachwärme rund 5 Minuten garen ließ. Für die Schneeklößchen 2 Eiweiß mit 2 EL Zucker steif schlagen und auf die fertige Suppe geben.

TIPP

Die Schokoladensuppe schmeckt auch kalt mit Sahnehaube oder Fruchtgrütze.

ZITRONENCREME

für 4 Personen

Zutaten

Saft von 4 Zitronen
Abrieb von einer Bio-Zitrone
40 g Speisestärke oder
1 Päckchen Puddingpulver
Vanille- oder Sahnegeschmack
100 g Zucker
1 Prise Salz
3 Eigelb
wahlweise Eischnee von 3 Eiweiß
oder 250 g geschlagene Sahne

Zubereitung

Den Saft mit dem Zitronenabrieb in einen Messbecher geben und bis zu ½ l mit Wasser auffüllen. Mit Speisestärke, Zucker, Salz und Eigelb in einen Kochtopf geben, erhitzen und abschlagen, bis die Masse hochsteigt. Kochtopf von der Kochstelle nehmen und weiterrühren, bis die Masse abkühlt. Eiweiß oder Sahne unterheben. Die Masse nochmals mit Zucker abschmecken und kalt stellen.

Gut zu wissen!

Auf diese Art und Weise können Sie auch eine Weincreme bereiten. Nehmen Sie 350 ml trockenen Weißwein, 50 ml Wasser, 100 g Zucker, 1 Päckchen Puddingpulver Vanille- oder Sahnegeschmack und den Saft einer Zitrone.

TIPP

Besonders schön sieht es aus, wenn Sie nur unter die Hälfte der gekochten Masse Sahne heben und das Dessert dann verschiedenfarbig in Gläser einschichten. Den Rest der Sahne als Haube obenauf setzen und mit Pistazienkernen dekorieren.

PRUMMETAAT
(PFLAUMENKUCHEN)

für 1 Blech à 12 Stücke

Zutaten

Für den Boden

375 g Mehl
125 g Butter
125 g Zucker
1 Päckchen Vanillezucker
1 Päckchen Backpulver oder
20 g Hefe
2 Eier
etwas warme Milch
Mehl für die Arbeitsfläche

Für den Belag

1,5 kg Pflaumen oder Zwetschen
Zitronensaft
Zimt und Zucker
Nach Belieben Streusel

Gut zu wissen!

Für Streuselmasse Mehl, Zucker und Butter in einem Verhältnis 2:1:1 mischen. Für ein Blech 250 g Mehl mit 125 g Zucker und 125 g flüssiger Butter mischen. Wenn die Streusel zu feucht erscheinen, noch etwas Mehl zukneten!

TIPP

Der Kuchen schmeckt auch hervorragend mit Pflaumenmus oder Äpfeln. Letztere schneidet man in Viertel und dann in feine Scheiben. Die Scheiben legt man schuppenartig auf den Teig.

Zubereitung

Aus den Zutaten für den Boden einen Mürbe- oder Hefeteig bereiten und ruhen lassen. In der Zwischenzeit die Pflaumen halbieren, entkernen und einritzen. Das Obst mit Zitronensaft beträufeln, damit es nicht braun wird.
Den Teig mit etwas Mehl aufarbeiten und rechteckig ausrollen. Auf ein gefettetes Blech legen. Am Rand den Teig etwas hochziehen und mit einer Gabel mehrfach einstechen. Die Pflaumen dicht an dicht auf das Blech legen. Nach Belieben Zimtzucker und Streuselmasse auf die Pflaumen geben. Den Kuchen bei 180° C mit Unter-Oberhitze backen, bis Teig und Streusel goldgelb sind.

GELBE KIRSCHEN IM GLAS

für 4 Gläser à 400 ml

Zutaten

300 g Zucker
Saft von einer Zitrone
2,5 Kilo Süßkirschen

Gut zu wissen!

Süßkirschen passen gut zu Desserts oder süßen Pfannkuchen. Traditionell gibt man sie entsteint auch mit in das Schichtdessert „Tutti frutti".

Zubereitung

Aus einem Liter Wasser, Zitronensaft und Zucker einen Sirup kochen. Die Kirschen verlesen und waschen. Die Früchte in sterile Schraubgläser einschichten und mit dem Sirup bedecken. Die Gläser verschließen und in einem großen Topf einkochen lassen. Dafür ein feuchtes dünnes Baumwollhandtuch in den Topf legen. Die Gläser darauf platzieren, sodass sie nicht wackeln oder anstoßen. Den Topf mit Wasser auffüllen. Die Gläser sollten etwas mehr als die Hälfte mit dem Wasser bedeckt sein. Deckel auflegen und Wasser zum Kochen bringen, dann etwas herunterschalten. Die Gläser rund 30 Minuten simmern lassen und noch mal 10 Minuten in der Nachwärme stehen lassen. Das Eingemachte bis zum Verzehr kühl und dunkel lagern.

TIPP

Auf diese Weise können Sie auch Sauerkirschen und anderes Stein- und Kernobst einmachen. Kernobst halbieren oder in Viertel schneiden, entkernen und in die Gläser schichten.

BLAUBEER-PARFAIT

für 6 Personen

Zutaten

4 Eigelb
100 g Zucker
1 Päckchen Vanillezucker
1 Prise Salz
500 g frische oder aufgetaute, pürierte Blaubeeren
nach Belieben ein Schuss Rum
500 ml süße Sahne
frische Blaubeeren, Blaubeerkonfitüre oder Sahne zum Dekorieren

Gut zu wissen!

Wer lieber auf rohe Eier verzichten möchte: Das Parfait gelingt auch ohne Eigelb.

TIPP

Auch die bekannte Niederrheinische Grillage-Torte können Sie als Halbgefrorenes bereiten. Nehmen Sie 1 l mit Vanillezucker und Zucker gesüßte, steif geschlagene Sahne, 8 zerbröselte Baisers, 200 g geriebene Blockschokolade und 50 g Mandelkrokant. Vermengen Sie die Zutaten locker miteinander und geben Sie diese in eine Springform. Die Torte sollte 12 Stunden frieren. Nach kurzem Antauen ist sie servierbereit.

Zubereitung

Eigelb, Zucker, Vanillezucker und Salz schaumig rühren. Blaubeerpüree zugeben und verrühren. Sahne steif schlagen und unter die Masse heben. Masse in eine kalt ausgespülte Kuchenform oder kleine Backförmchen geben und mindestens fünf Stunden frieren lassen. Etwa 20 Minuten vor dem Servieren aus dem Kühlfach nehmen und antauen lassen. Mit frischen Blaubeeren dekorieren.

BEEREN-TRIFLE
(SAHNE-SCHICHTDESSERT MIT BAISER)

für 6 Personen

Zutaten

250 ml Sahne
500 g cremiger Naturjoghurt oder Quark
Zucker nach Geschmack
100 g Baiser (vom Bäcker oder selbstgemacht)
1 kg gemischte frische oder aufgetaute Beerenfrüchte (je nach Säure der Früchte einzuckern)

Zubereitung

Sahne steif schlagen und unter den Naturjoghurt oder Quark heben. Mit Zucker abschmecken. Baiser in Stücke bröseln und kurz vor dem Servieren abwechselnd mit der Joghurt-/Quark-Sahne und den Beeren in Dessertgläser schichten.

Gut zu wissen!

Baiser ist im Handumdrehen selbst gemacht: 2 Eiweiß mit 1 TL Zitronensaft, 160 g Zucker und 1 Vanillezucker steif schlagen, bis die Masse cremig ist. Auf ein Backblech mit Backpapier kleine Teighäufchen setzen und bei 100° C Unter-Oberhitze rund zwei Stunden trocknen lassen, bis die Baisers leicht gelb aussehen.

TIPP

Wenn Sie das Dessert im Voraus bereiten möchten, kochen Sie die Beerenfrüchte kurz mit etwas Stärke auf. Das angedickte Kompott färbt beim Schichten weniger ab als gezuckerte frische Ware oder aufgetaute Tiefkühl-Früchte.

KIRMESBEES
(AUFGESETZTER MIT HIMBEEREN)

für 1 Flasche

Zutaten

350 g Himbeeren
250 g Zucker
1 Vanilleschote oder Zimtstange
1 Flasche Doppelkorn
(38 Vol.-%)

Zubereitung

Die Beeren entstielen und waschen. Die Früchte etwas zerdrücken. Die Früchte in ein gut schließendes Ansatzglas geben, den Zucker, die Zimtstangen sowie die aufgeschlitzte Vanilleschote oder Zimtstange im Ganzen zugeben. Mit dem Korn auffüllen und etwa sechs Wochen ziehen lassen. Den Aufgesetzten dann abseihen und in Flaschen füllen. Kühl und dunkel aufbewahren.

Gut zu wissen!

Alternativ kann man den selbst gemachten Likör auch mit Sauerkirschen bereiten. Die Kerne können mit im Ansatz ziehen lassen. Sie geben ein mandelähnliches Aroma ab.

TIPP

Nach der Reifezeit den Aufgesetzten – je nach Geschmack – mit aufgelöstem Zuckersirup und abgekochtem Wasser abschmecken.

APFELGELEE MIT ROSMARIN

für 6 Gläser à 250 ml

Zutaten

1 l Apfelsaft (klar oder naturtrüb)
500 g Gelierzucker 1:1
2 frische Rosmarinzweige
Saft von 1 Zitrone

Gut zu wissen!

Wer das Apfelgelee von Streuobstäpfeln kochen möchte, lässt die geviertelten Äpfel mit Schalen und Kerngehäusen im Verhältnis 2:1 mit Wasser weich kochen. Die Masse wird dann durch ein Sieb passiert und wie oben beschrieben mit dem Gelierzucker aufgekocht.

Zubereitung

Den Apfelsaft mit den Rosmarin-Zweigen, dem Saft einer ausgepressten Zitrone und dem Gelierzucker in einen Topf geben, gut verrühren und über Nacht an einem kühlen Ort durchziehen lassen. Am nächsten Tag die Masse sprudelnd kochen lassen, bis sie geliert. Die Zweige entnehmen (einzelne Nadeln können nach Geschmack in der Masse verbleiben) und das Gelee heiß in Schraubgläser füllen.

TIPP

Im Frühsommer eignen sich auch Holunderblüten, um das Apfelgelee zu aromatisieren.

REGISTER

REGISTER